> 파워블로거
> 뽀로롱 꼬마마녀가 들려주는

이유식 비법 노트

파워블로거
뽀로롱 꼬마마녀가 들려주는

이유식 비법 노트

뽀로롱 꼬마마녀 곽인아 지음
최은나 · 김우경 감수

이른아침

저자의 글

이유 있는 이유식 이야기

2003년 4월 27일은 저와 신랑이 만남을 시작한 날입니다. 우리는 4년이란 시간을 함께한 후 2007년 4월 28일 결혼식을 올렸고, 2008년 6월 4일 저는 말 그대로 눈에 넣어도 아프지 않을 예쁜 공주님을 낳았습니다. 이렇게 쓰고 보니 몇 줄이 채 안 되는 글 속에 숨 가쁘게 살아온 제 나날들이 담겨 있네요.

미혼이었을 때는 친정엄마에게 투정하는 것이 일상이었는데 아이를 낳고 보니 조금씩 철이 들더군요. 아이를 낳은 후 제일 먼저 한 생각은 '내가 과연 이 아이를 잘 키울 수 있을까?'였습니다. 처음에는 기저귀 하나 제대로 갈지 못했고, 아기띠에 아이를 넣거나 옷을 입힐 때면 그 작은 팔다리에 생채기라도 날까봐 벌벌 떨곤 했지요. 옷 입히는 데 한 시간이 걸리기도 하고, 어떻게 목욕을 시켜야 할지 몰라 남편과 함께 우왕좌왕하며 난리법석을 떨던 초보 엄마였습니다. 그런 시간을 겪으면서 미처 깨닫지 못했던 부모님의 마음을 이해하게 되고, 저도 조금씩 부모가 된다는 것이 무엇인지 배워나갔습니다.

어느덧 기저귀도 척척 갈고, 옷도 잘 입히고, 아기띠도 제법 잘 하고 다닐 무렵 저에게 새로운 고비가 닥쳐왔습니다. 바로 '이유식'이었지요. 어떻게 이유식을 시작해야 할지, 어떤 이유식을 만들어 먹여야 할지 궁금했지만 달리 물어볼 데가 없던 저는 아이를 위해 공부를 시작했습니다. 평생 건강의 시작인만큼 이유식을 통해 올바른 식습관을 길러주고, 편식하지 않는 건강한 아이로 키우고 싶었거든요. 시중에 판매되는 수많은 이유식 책과 육아 관련 잡지를 읽었고, 수시로 인터넷을 들락거리며 정보를 구했습니다. 그리고 신랑에게 밥을 차려줄 때보다 몇 배는 더 신경을 쓰고 노력을 기울여 아이를 위한, 아이만을 위한 이유식을 만들었습니다. 그런 제 마음을 알아준 것인지 뱃속에 있을 때는 심장에 이상 소견까지 받았던 아이인데 너무나 건강하게 자라주었네요. 지금은 감기에 걸려도 2~3일 훌쩍거리다 끝나고, 아파도 무조건 밥은 먹어야 하고, 과자보다 구운 양파를 더 즐겨 먹는 아이가 되었습니다.

저는 이유식에 조미료를 넣지 않고, 이유식 자체에 들어가는 재료의 맛과 향을 최대한 살려 아이에게 천연의 맛을 알려주고자 노력했습니다. 그리고 오늘도 여전히 그런 이유식을 만들기 위해 고민합니다. 다양한 맛을 보여주기 위해 새로운 이유식을 만들려고 요리조리 머리를 굴리다 보면 때로는 시간이 많이 걸리기도 하고, 솔직히 가끔은 번거롭기도 합니다. 그러나 엄마의 작은 정성이 우리 아이 평생 입맛을 건강하게 만든다는 생각을 하면 다시 또 여러 가지 시도를 하게 됩니다.

이런 제 노력의 결과물을 모아 한 권의 책으로 출간합니다. 아이들의 입맛을 만족시킬 수 있도록 최대한 다양한 재료를 사용했고, 이유식을 만들고 남은 재료들로 손쉽게 만들 수 있는 어른용 레시피도 함께 실었습니다. 육아도 요리도 아직은 서툰 초보 부모에게 일석이조의 효과를 드리고 싶었거든요.

저는 제 아이가 공부 잘 하는 아이가 아닌, 밝고 건강하고 주위에 따뜻한 웃음을 줄 수 있는 아이로 자라기를 바랍니다. 제 이유식 책 또한 단순히 이유식 요리법만을 알려주는 책이 아닌, 초보 엄마 아빠들에게 도움을 주고 걱정과 고민거리를 덜어주는 책이 되면 좋겠습니다.

책이 나오기까지 전폭적인 지지를 아끼지 않은 사랑하는 신랑과 애교만점 딸 예은이, 양가 식구들, 작업하느라 고생한 이른아침 편집부, 응원해 주신 모든 분들에게 진심으로 감사드립니다.

모두들 행복하세요.

2010년 9월
곽인아

차례

이유식 비법 노트

4 저자의 글

이유식, 우리 아이 평생 입맛의 첫걸음

- **13** 이유식을 만들 때 필요한 기본적인 조리 도구 및 제품들
- **16** 이유식 재료별 시작 시기
- **19** 이유식 맛을 살리는 천연 육수 만들기
- **22** 이유식 재료의 크기와 농도

초기 이유식

- **26** 정보 페이지
- **28** 쌀미음
- **29** 감자미음
- **30** 브로콜리미음
- **31** 쇠고기미음
- **32** 애호박미음
- **33** 고구마미음
- **34** 양배추미음
- **35** 닭가슴살미음
- **36** 무미음
- **37** 콜리플라워미음
- **38** 찹쌀미음
- **39** 배미음
- **40** 오이미음
- **41** 흑미미음
- **42** 브로콜리애호박미음
- **43** 단호박미음
- **44** 흑미닭가슴살미음
- **45** 사과미음
- **46** 콜리플라워사과미음
- **47** 배추미음
- **48** 보너스 페이지

중기 이유식

52 정보 페이지
54 닭가슴살당근미음
56 쇠고기표고버섯미음
58 쇠고기감자미음
60 쇠고기애호박죽
62 닭가슴살표고버섯죽
64 감자브로콜리죽
66 광어감자죽
68 광어무죽
70 양배추닭죽
72 고구마죽
74 현미죽
76 찹쌀콩죽
78 현미버섯죽
80 두부닭죽
82 연두부버섯죽
84 닭가슴살청경채죽
86 영양닭죽
88 흑미무죽
90 두부애호박죽
92 흑미단호박죽
94 닭가슴살근대죽
96 배추검은깨죽
98 쇠고기흑미죽
100 애호박근대죽
102 애호박새송이버섯죽
104 닭가슴살새송이버섯죽
106 닭가슴살고구마죽
108 버섯들깨죽
110 노른자야채죽
112 얼갈이버섯죽
114 보너스 페이지

엄마 아빠를 위한 자투리 레시피

카레라이스 55
굴소스쇠고기버섯볶음 57
감자채볶음 59
애호박새우젓볶음 61
닭가슴살샐러드 63
감자샐러드 65
회덮밥 67
광어카르파초 69
닭가슴살양배추말이 71
고구마맛탕 73
현미밥 75
콩찰떡 77
현미버섯밥 79
두부부침 81
연두부양념간장 83
닭가슴살청경채말이 85
표고버섯대추조림 87
무나물 89
두부김치 91
단호박꿀구이 93
근대된장국 95
배추된장국 97
쇠고기장조림 99
근대된장무침 101
새송이버섯냉채 103
닭가슴살야채볶음 105
고구마샐러드 107
버섯들깨탕 109
머랭과자 111
얼갈이배추겉절이 113

후기 이유식

- 118 정보 페이지
- 120 고구마두부죽
- 122 치즈야채죽
- 124 연어배추무른밥
- 126 들깨죽
- 128 노른자영양죽
- 130 닭안심양파무른밥
- 132 검은콩닭죽
- 134 연어브로콜리죽
- 136 파프리카감자죽
- 138 쇠고기버섯미역죽
- 140 콩나물표고버섯무른밥
- 142 연어아욱무른밥
- 144 쇠고기연근무른밥
- 146 들깨야채무른밥
- 148 흑미두부무른밥
- 150 닭가슴살사과무른밥
- 152 연두부파무른밥
- 154 쇠고기야채무른밥
- 156 야채잡곡밥
- 158 숙주버섯무른밥
- 160 흑미버섯밥
- 162 김노른자무른밥
- 164 광어감자밥
- 166 배추잡곡밥
- 168 감자애호박무른밥
- 170 닭타락죽
- 172 단호박찹쌀죽
- 174 현미애호박무른밥
- 176 미역무른밥
- 178 연두부아욱밥
- 180 보너스 페이지

엄마 아빠를 위한 자투리 레시피

- 고구마스프 121
- 치즈전 123
- 연어덮밥 125
- 버섯들깨전 127
- 아몬드쿠키 129
- 양파찜 131
- 검은콩셰이크 133
- 연어브로콜리샐러드 135
- 파프리카감자채볶음 137
- 미역국 139
- 콩나물밥 141
- 아욱된장국 143
- 연근조림 145
- 감자표고버섯볶음밥 147
- 두부계란찜 149
- 닭가슴살사과샐러드 151
- 연두부계란찜 153
- 쇠고기무국 155
- 감자튀김 157
- 숙주나물 159
- 새송이버섯전 161
- 김무침 163
- 감자밥 165
- 배추전 167
- 애호박보트 169
- 닭가슴살우유찜 171
- 단호박죽 173
- 애호박전 175
- 미역초무침 177
- 연두부찌개 179

완료기 이유식

- 184 정보 페이지
- 186 닭가슴살브로콜리진밥
- 187 과일치즈진밥
- 188 연어당근진밥
- 189 아욱장국밥
- 190 파프리카닭안심진밥
- 191 콩나물버섯진밥
- 192 두부볶음밥
- 193 흰살생선버섯진밥
- 194 버섯잡채밥
- 195 쇠고기브로콜리진밥
- 196 잔멸치볶음밥
- 197 미역찹쌀진밥
- 198 흑미영양밥
- 199 닭안심콩나물진밥
- 200 치즈고구마밥
- 201 닭고기양배추진밥
- 202 계란야채밥
- 203 두부버섯진밥
- 204 연어야채밥
- 205 연두부찜
- 206 영양찰밥
- 207 밤영양밥
- 208 쇠고기야채진밥
- 209 쇠고기배추진밥
- 210 삼색주먹밥
- 211 고구마흑미진밥
- 212 쇠고기감자진밥
- 213 버섯영양밥
- 214 완두콩진밥
- 215 광어야채진밥

유아식

- 218 정보 페이지
- 220 야채주먹밥
- 221 토마토볶음밥
- 222 유아용불고기
- 223 야채계란말이
- 224 야채토마토볶음
- 225 쇠고기무국
- 226 미역국
- 227 숙주북엇국
- 228 된장국
- 229 계란찜
- 230 버섯볶음
- 231 과일물김치
- 232 유아용쇠고기장조림
- 233 야채볶음밥
- 234 계란덮밥
- 235 콩가루배추볶음
- 236 과일제육볶음
- 237 쇠고기볶음밥
- 238 두부볶음
- 239 닭고기완자
- 240 잔치국수
- 241 홍합영양밥

아이들 간식

- 244 정보 페이지
- 246 두부과자
- 247 감자칩, 고구마칩, 당근칩
- 248 미숫가루케이크
- 249 유아파운드케이크
- 250 토마토소스야채떡조림
- 251 홈메이드새우깡
- 252 야채크래커
- 253 배찜
- 254 우유치즈
- 255 감자전
- 256 케첩
- 257 두부마요네즈
- 258 아이용와플
- 259 궁중떡볶이
- 260 보너스 페이지

- 262 이유식 찾아보기
- 263 자투리 레시피 찾아보기

보통 만 4~6개월 사이에 시작해서, 미음에서 죽과 밥, 어른들이 먹는 음식까지 모두 먹을 수 있게 되는 시기를 이유기라 합니다. 이 시기에 아이들이 먹는 음식을 이유식이라 하고요.

이유식은 영양을 섭취하는 것 외에도 아이의 평생 식습관을 결정하고 건강의 기초 토대를 쌓는 중요한 과정입니다. 다양한 음식을 맛보고, 씹고, 삼키고, 소화시키는 과정을 겪으며 아이들의 몸과 마음이 무럭무럭 성장하게 됩니다. 유동식에서 고형식으로 넘어가는 이 시기에 아이들이 잘 적응할 수 있도록 도와주세요.

이유식은 그 어떤 요리보다 기본이 중요합니다. 조리 도구를 청결하게 관리하고, 시기에 맞는 재료를 선택하고, 조미료는 사용하지 않아야 합니다.

소아표준 성장치와 비교하면서 스트레스 받지 마세요. 모든 아이는 성장 속도가 다를 수밖에 없습니다. 정해진 양을 억지로 먹이거나 발달 단계를 무시하고 성급히 어른 음식을 주는 일은 피해야 합니다. 아이들의 장에 자극을 주지 않는 쌀미음부터 차근차근 시작하세요.

이유식을 만들 때 필요한
기본적인 조리 도구 및 제품들

"아이들 이유식 도구를 따로 구비해야 할까요?"

이유식을 시작하는 엄마들이 가장 많이 궁금해하는 질문입니다.
결론부터 이야기하자면 "그렇다"입니다.
아이들의 장은 아직 면역력이 부족하고, 충분히 튼튼한 상태가 아닙니다. 어른들의 각별한 주의가 필요하지요. 깨끗하지 않은 손으로 이유식 그릇을 만진다면 장이 약한 아이들은 장염에 걸릴 수 있습니다. 항상 손과 손톱을 청결히 관리하세요.

아무리 좋은 재료를 구입해 이유식을 만든다 해도 어른 요리에 썼던 칼과 도마를 사용한다면 잔류 농약 성분이나 세균, 세제 등이 들어갈 수 있습니다. 아이를 위해 별도로 이유식 조리 도구와 제품을 준비하고, 칼과 도마도 따로 사용하세요. 사용한 도구는 친환경 세제로 깨끗하게 씻어 햇볕에 잘 말려주세요. 따로 거치대를 마련하지 않더라도 어른 용기와는 떨어뜨려 보관하세요. 위생 관리에 신경 써야 건강한 이유식이 완성됩니다.

♥ 미니냄비
지름이 작고 한손에 쥐기 편한 냄비로 고른다. 이유식이 끝난 뒤에도 볶음 요리 등에 사용할 수 있다.

♥ 강판
단단한 야채나 과일 등을 갈 때 사용한다. 이유식 초기에 특히 많이 사용한다.

♥ 도마와 칼
야채용, 고기용, 생선용으로 구분지어 사용한다. 도마에 세균이 쉽게 번식할 수 있으니 뜨거운 물을 부어 살균하고 자주 햇볕에 말린다.

♥ 분쇄기
불린 쌀을 갈거나 견과류, 건조식품을 가루낼 때 편리하다. 미니 믹서를 많이 이용하지만 파인컷이나 푸드프로세서도 많이 사용한다.

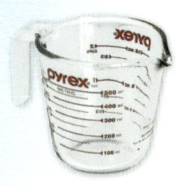

♥ 계량컵
물이나 육수 등 액체의 양을 잴 때 필요하다. 계량컵이 없다면 젖병을 이용해 분량을 재도 무방하다. 잡기 편한 제품으로 골라야 내용물을 따를 때 편리하다.

♥ 스푼
스푼은 과즙용과 이유식용을 구분하는 것이 좋으며 아이들이 씹기도 하니 부드러운 재질로 만들어진 것을 사용한다. 아이들에게 이유식을 먹일 때 너무 깊숙이 넣지 않게끔 위치가 정해져 있는 것을 사용하면 편리하다.

♥ 절구
불린 쌀이나 무른 야채를 빻을 때 필요하다. 절구통과 절구공이 모두 같은 재질로 된 것이 좋은데 특히 재료의 물이 들지 않는 스테인리스 재질을 추천한다.

♥ 조리용 뒤집개
이유식을 만드는 과정에서 내용물을 저어주거나 덜어낼 때, 부드러운 재료를 으깰 때 유용하다. 실리콘 재질로 된 것이 가장 좋다.

♥ 체
초기의 미음을 만들 때 내용물을 알갱이 없이 곱게 걸러준다. 초기가 끝난 뒤에는 데친 야채의 물기를 제거할 때 사용한다.

♥ 즙짜개
과일의 즙이나 단단한 야채의 즙을 짤 때 편리하다.

♥ 저울
초기에는 장이 약한 아이들을 위해 눈짐작보다는 정확한 용량으로 이유식을 만드는 것이 중요하다. 나중에 아이 간식으로 빵이나 쿠키 등을 만들 때도 사용할 수 있다.

♥ 턱받이
처음에는 이유식을 밀어내기 바쁜 아이들을 위해 턱받이가 필요하다. 천으로 된 제품은 젖기 쉬우므로 방수 재질의 턱받이가 좋다. 목에 끼지 않고 가벼운 제품을 사용한다.

이유식을 만들 때 필요한 기본적인 조리 도구 및 제품들

♥ 컵

물이나 보리차, 주스 등 액체 음식을 먹일 때 사용한다. 양쪽에 손잡이가 달려 있고, 깨지지 않고 가벼운 플라스틱 컵이 좋다.

♥ 휴대용 이유식 용기

절구와 으깨기 기능이 있어서 외출 시 아이를 위해 음식을 으깨거나 곱게 빻아서 바로 줄 수 있다. 따로 그릇을 마련할 필요 없이 휴대용 용기에 담아서 주면 되므로 위생적이다.

♥ 이유식 용기

이유식을 넉넉히 만들어 1회 분량씩 유리 밀폐용기에 넣어 보관하면 중탕으로 데우거나 휴대하기 편리하다. 플라스틱 용기는 가급적 사용하지 않는다.

이유식을 손쉽게 만들어주는 편리한 도구들

얼음틀

이유식 재료들을 손질해 1회 분량으로 나누어 얼음틀에 넣어 냉동 보관하면 편리하다.

과즙망

아이들에게 과일을 줄 때 과즙망에 넣어 주면 목에 걸리지 않고 안전하게 과일의 즙만 빨아먹을 수 있다.

이유식 마스터기

바쁜 엄마들을 위해 찌고, 갈고, 삶는 기능 등을 갖춘 도구로 재료만 넣으면 이유식이 만들어진다.

야채다지기

야채를 잘게 다지거나 굵게 다지기 위해서 나온 제품으로 스테인리스 재질로 된 것이 좋다. 야채의 굵기 정도를 눈으로 확인할 수 있는 제품이 편리하다.

전자레인지용 찜기

스팀으로 찌기에는 시간이 부족할 경우 전자레인지용 찜기를 이용하면 시간을 단축할 수 있다.

매셔

고구마, 감자 등을 찐 뒤에 그릇에 담고 누르면 쉽게 으깰 수 있다.

이유식 재료별 시작 시기

많은 사람들이 이유식 재료를 구입할 때 '유기농, 무농약, 친환경' 제품을 찾곤 합니다.

내 아이에게 조금 더 좋은 음식, 영양이 풍부한 음식을 먹이고 싶은 것이 부모 마음이겠지요. 그런데 일부에서는 '유별나다'고 곱지 않게 보기도 합니다. 과연 그럴까요?

어른과 아이는 다릅니다. 아직 소화기관이나 장기능이 미숙한 아이에게 어른이 먹는 것과 똑같은 재료를 주면 소화하기 힘들어하거나 탈이 날 수 있습니다. 신체 내부 장기를 튼튼하게 만들고 면역기능을 향상시킬 수 있도록 신선하고 영양가 있는 재료를 사용해 이유식을 만들어 주세요. 반드시 유기농 재료가 아니어도 좋습니다. 제철에 나는 신선한 재료를 사용하세요.

초기에는 재료별 시작 시기를 철저하게 지키는 게 좋아요. 우유, 계란, 밀가루, 메밀, 생선, 땅콩, 갑각류 등은 알레르기를 일으킬 수 있습니다. 쌀, 찹쌀, 감자, 고구마 같은 비교적 알레르기를 유발하지 않는 재료를 사용해도 아이에 따라서는 알레르기나 피부 발진 반응이 나타나기도 합니다. 한 가지 재료로 3일 정도 먹여보세요. 아이가 잘 먹고, 소화를 잘 시킨다면 다른 재료를 첨가하세요. 아이의 장이 새로운 음식에 적응할 수 있고, 알레르기 반응이 나타나도 어떤 음식이 원인인지 확실히 알 수 있습니다. 알레르기 반응을 보이면 3개월 정도는 그 재료를 먹이지 마세요. 3개월 후에도 알레르기 반응이 나타나면 병원을 찾아가 진찰을 받아보는 것이 좋습니다.

곡류
쌀 : 생후 4개월
찹쌀 : 생후 4개월
수수 : 생후 6개월
흑미 : 생후 6개월
현미 : 생후 6개월
옥수수 : 생후 6개월
차조 : 생후 7개월
녹두 : 생후 9개월
보리 : 생후 9개월
밀가루 : 생후 11개월
팥 : 생후 12개월
메밀 : 생후 12개월
혼합잡곡 : 생후 24개월

국수류
쌀국수 : 생후 6개월
당면 : 생후 11개월
소면 : 생후 12개월
우동 : 생후 12개월
칼국수 : 생후 12개월
스파게티 : 생후 12개월
메밀국수 : 생후 13개월

*굵은 글씨는 알레르기 고위험군에 속한 재료입니다. 아이의 반응을 주의 깊게 살펴주세요.

견과류
밤 : 생후 7개월
잣 : 생후 7개월
참깨 : 생후 7개월
들깨 : 생후 7개월
건포도 : 생후 13개월
호두 : 생후 13개월
호박씨 : 생후 13개월
해바라기씨 : 생후 13개월
아몬드 : 생후 13개월
땅콩 : 생후 15개월
피스타치오 : 생후 15개월
캐슈너트 : 생후 24개월

과일류
사과 : 생후 4개월
배 : 생후 4개월
수박 : 생후 6개월
참외 : 생후 6개월
대추 : 생후 6개월
바나나 : 생후 6개월
귤 : 생후 12개월
멜론 : 생후 9개월
단감 : 생후 12개월
오렌지 : 생후 12개월
딸기 : 생후 13개월

홍시 : 생후 13개월
살구 : 생후 13개월
앵두 : 생후 13개월
자두 : 생후 13개월
자몽 : 생후 13개월
키위 : 생후 13개월
토마토 : 생후 13개월
복숭아 : 생후 13개월
파인애플 : 생후 13개월
레몬 : 생후 15개월
포도 : 생후 18개월

버섯류
표고버섯 : 생후 9개월
팽이버섯 : 생후 9개월
새송이버섯 : 생후 9개월
느타리버섯 : 생후 13개월
목이버섯 : 생후 15개월
양송이버섯 : 생후 15개월

난류
노른자 : 생후 6개월
(완전히 익힌 것)
메추리알 : 생후 10개월
흰자 : 생후 12개월
오리알 : 생후 13개월
거위알 : 생후 15개월

조개류
굴 : 생후 10개월
대합 : 생후 12개월
가리비 : 생후 12개월
모시조개 : 생후 12개월
전복 : 생후 12개월
홍합 : 생후 13개월
맛조개 : 생후 13개월
바지락 : 생후 13개월
키조개 : 생후 15개월
새조개 : 생후 15개월
명주조개 : 생후 15개월
비단조개 : 생후 15개월
소라 : 생후 16개월

유제품
플레인 요구르트 : 생후 9개월
아기용 치즈 : 생후 7개월
버터 : 생후 12개월
생크림 : 생후 12개월
우유 : 생후 13개월
연유 : 생후 13개월

육류
쇠고기 : 생후 6개월
닭고기 : 생후 6개월
돼지고기 : 생후 12개월
오리고기 : 생후 12개월

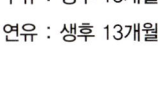

이유식 재료별 시작 시기

채소류

감자 : 생후 4개월
고구마 : 생후 4개월
오이 : 생후 5개월
애호박 : 생후 5개월
당근 : 생후 6개월
무 : 생후 6개월
배추 : 생후 6개월
시금치 : 생후 6개월
양배추 : 생후 6개월
양파 : 생후 6개월
콜리플라워 : 생후 6개월
브로콜리 : 생후 6개월
콩나물 : 생후 9개월
가지 : 생후 10개월
무순 : 생후 10개월
숙주 : 생후 10개월

연근 : 생후 10개월
치커리 : 생후 10개월
파슬리 : 생후 11개월
깻잎 : 생후 12개월
고사리 : 생후 13개월
냉이 : 생후 13개월
미나리 : 생후 13개월
부추 : 생후 13개월
쑥 : 생후 13개월
피망 : 생후 13개월
파프리카 : 생후 13개월
토란 : 생후 13개월
토마토 : 생후 13개월
마늘 : 생후 15개월
파 : 생후 15개월
열무 : 생후 18개월

콩류

대두 : 생후 5개월
완두콩 : 생후 6개월
순두부 : 생후 7개월
연두부 : 생후 7개월
밤콩 : 생후 9개월
강낭콩 : 생후 9개월
검은콩 : 생후 9개월
두부 : 생후 13개월
두유 : 생후 13개월
동부콩 : 생후 13개월
껍질콩 : 생후 15개월

생선류

조기 : 생후 7개월
가자미 : 생후 7개월
도미 : 생후 7개월
명태 : 생후 7개월
멸치 : 생후 7개월
대구 : 생후 7개월
임연수어 : 생후 7개월
가자미 : 생후 7개월
병어 : 생후 7개월

갈치 : 생후 9개월
민어 : 생후 9개월
새우 : 생후 9개월
연어 : 생후 9개월
오징어 : 생후 11개월
한치 : 생후 11개월
꽁치 : 생후 12개월
꽃게 : 생후 12개월
대게 : 생후 12개월

삼치 : 생후 12개월
생태 : 생후 12개월
동태 : 생후 12개월
문어 : 생후 13개월
고등어 : 생후 13개월
우럭 : 생후 15개월
옥돔 : 생후 15개월
낙지 : 생후 15개월

이유식 맛을 살리는 천연 육수 만들기

아이가 돌이 되기 전까지는
이유식을 만들 때 간을 하지 말아야 합니다.

아직 위나 장이 튼튼하지 않아 쉽게 탈이 날 수 있고, 신장 기능이 발달하지 못해 나트륨을 배출하기 힘들기 때문입니다. 또 아이들이 맵거나 짠 자극적인 음식에 익숙해지면 간을 하지 않아 심심한 이유식은 먹지 않으려 합니다. 아이의 평생 식습관이 정해지는 시기입니다. 천연의 맛을 느낄 수 있도록 도와주세요.

야채나 고기, 생선 등은 아이에게 필요한 만큼의 염분이나 당분을 충분히 갖고 있어요. 이를 이용해 천연 육수를 만들어 보세요. 물을 넣어 이유식을 만들 때보다 맛과 영양이 좋아 아이들이 맛있게 먹는답니다. 넉넉히 만들어 식힌 다음 위에 뜬 기름을 걷어내고 한 끼 분량만큼 덜어 냉동 보관하세요. 일주일까지 보관이 가능해요.

★ 다시마 육수

다시마의 하얀 부분은 염분이에요. 겹쳐진 부분까지 꼼꼼하게 닦아낸 후 육수를 우려내세요.

재료
- 물 800ml
- 다시마 4×4cm 3장

물 800ml는 종이컵으로 5와 1/2컵을 넣은 분량이에요.

1 깨끗한 행주나 키친타월로 다시마의 하얀 가루 부분을 꼼꼼히 닦는다.
2 분량의 물에 손질한 다시마를 30분 동안 담근다.
3 냄비에 2를 넣고 강불에서 끓인다.
4 물이 끓어오르면 다시마를 건져내고 10분간 더 끓인 후 식힌다.

★ 멸치 육수

멸치는 짠맛이 특히 강하니 멸치 육수를 만들 때는 물에 먼저 담갔다가 팬에 바삭하게 볶아 짠맛을 제거한 뒤 만들어 주세요.

재료
- 멸치 5g
- 물 550ml

멸치의 내장에는 중금속 등 좋지 않은 성분이 들어 있으니 귀찮더라도 꼭 제거하세요. 멸치의 내장을 제거하면 비린내나 쓴맛이 나지 않아 좋아요.

1. 국물용 멸치의 머리와 내장을 제거한다.
2. 기름을 두르지 않은 팬에 손질한 멸치를 넣고 갈색빛을 띨 때까지 볶아 비린내를 날린다.
3. 분량의 물에 볶은 멸치를 넣고 끓인다. 이 과정에서 나타나는 거품은 모두 걷어낸다.
4. 20분 동안 끓인 뒤 체에 걸러 맑은 육수만 남긴다.

물 550ml는 종이컵으로 3과 1/2컵을 넣은 분량이에요. ×3½

★ 쇠고기 육수

쇠고기는 기름기가 없는 부위(양지, 사태, 안심 등)를 사용하세요.

쇠고기 육수를 만드는 과정에서 발생하는 거품은 몸에 좋지 않은 불순물이니 모두 제거하세요.

재료
- 쇠고기 80g
- 물 800ml
- 무 40g

무 대신 양파 30g(1/4개)을 넣거나, 무와 양파를 함께 넣고 만들어도 좋아요.

1. 쇠고기를 찬물에 30분 동안 담가 핏물을 뺀다.
2. 분량의 물에 쇠고기와 무를 넣고 끓인다.
3. 끓이는 과정에서 발생하는 거품을 모두 걷어낸다.
4. 체에 맑은 국물을 걸러내어 식힌 뒤 냉장고에 넣어 위에 응고된 기름을 제거한다.

이유식 맛을 살리는 천연 육수 만들기

★닭고기 육수

> 닭고기 육수를 넉넉히 만들 때는 뼈째 넣어 끓이세요.
> 더 진한 육수가 우러나와요.

재료

- 닭가슴살 60g
- 물 600ml
- 무 40g
- 양파 30g

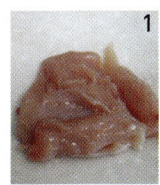   

1. 닭가슴살의 힘줄을 자른다.
2. 분량의 물에 닭가슴살과 야채를 넣고 끓인다.
3. 끓이면서 일어나는 거품을 모두 걷어낸다.
4. 체에 맑은 국물을 걸러내어 식힌 뒤 냉장고에 넣어 위에 응고된 기름을 제거한다.

★야채 육수

> 냉장고 속에 있는 야채라면 무엇이든 넣어보세요.

재료

- 표고버섯 1개
- 무 40g
- 양파 30g
- 당근 50g 등 각종 야채
- 물 700ml

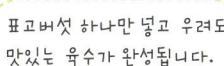

표고버섯 하나만 넣고 우려도 맛있는 육수가 완성됩니다.

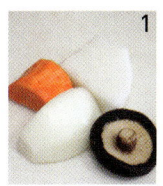  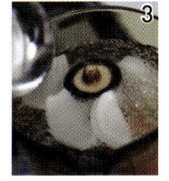 

1. 이유식을 만들거나 요리를 하고 남은 자투리 야채를 꺼낸다.
2. 분량의 물에 1의 야채들을 넣고 팔팔 끓인다.
3. 끓이는 중에 일어나는 거품은 다 걷어낸다.
4. 체에 건더기를 걸러내고 국물만 받는다.

이유식 재료의 크기와 농도

초기 이유식을 만들 때는
재료를 무조건 익혀야 한다는 것을 명심하세요.

♥ 익힌 사과는 설사를 멈추게 합니다. 반대로 변비를 유발하기도 하니
　대변을 잘 못 보는 아이에게는 익힌 사과를 많이 먹이지 마세요.

♥ 초기에는 브로콜리를 무조건 믹서에 갈거나 절구에 곱게 빻아 사용하세요.
　후기 이유식부터 브로콜리를 갈지 않고 사용할 수 있습니다.

♥ 믹서에 넣고 갈 때 잘 갈리지 않는다면 물을 한두 스푼 넣어주세요.

- 초기 재료를 믹서로 완전하게 갈거나 절구에 곱게 빻은 정도
- 중기 절구에 빻으면 좁쌀만 한 입자들이 보이는 정도
- 후기 믹서로 두세 번 갈아주거나 절구로 재료가 으깨질 정도로만 빻은 정도
- 완료기 덩어리가 살아 있는 정도

초기 이유식
생후 4~6 개월

언제 시작할까요?

모유가 가진 대표적인 영양 성분인 아연은 갓난아기들의 면역력을 높이고, 성장 발달에 도움을 줍니다. 그러나 출생 후 6개월이 지나면 모유의 아연 분비량이 줄어들지요. 또 아기들은 태어날 때 6개월 분량의 철분을 가지고 태어나지만 6개월 이후부터는 철분과 아연이 소멸되니 이를 보충해 주어야 합니다.

이유식은 너무 빨리 시작해도, 너무 늦게 시작해도 안 됩니다. 생후 4개월 전에 시작하면 미성숙한 장과 소화기관에 부담을 줄 수 있고, 6개월 이후에는 낯가림을 시작하는 시기와 겹치면서 새로운 음식을 거부할 수 있습니다. 이것이 바로 아기가 4~6개월이 되면 이유식을 시작해야 하는 이유입니다.

이제 아기는 모유나 분유처럼 액체로 된 음식에서 미음과 죽 같은 고체 음식을 먹는 방법을 배워야 합니다. 아기에게 숟가락으로 물을 먹여보세요. 혓바닥으로 숟가락을 밀어내지 않고 잘 받아먹는다면 이유식을 시작할 준비가 되었다는 뜻입니다. 혹시 부모 중에 알레르기 질환을 가진 사람이 있다면 이유식을 조금 천천히(6개월 정도에) 시작하는 것이 좋습니다. 체온 정도로 데운 이유식을 아이가 분유나 모유를 먹기 직전이나 기분이 좋을 때 먹여보세요. 90% 이상 성공한답니다.

 ## 무엇을 어떻게 먹일까요?

아이의 첫 이유식은 아토피나 알레르기를 일으킬 위험 요소가 적은 쌀미음으로 시작하세요. 모유나 분유의 농도와 비슷하게 만들어서 아이가 익숙함과 편안함을 느끼게 하고, 모유나 분유와는 다른 맛을 먹는 즐거움을 느끼게 해주세요. 처음에는 숟가락으로 받아먹는 행위에 익숙하지 않아 이유식을 거부하거나 뱉어낼 수 있습니다. 정성껏 만든 이유식을 아이가 잘 먹지 않는다고 조급해 하지 말고 아이가 익숙해질 때까지 인내심을 가지고 꾸준히 시도하세요. 본격적인 이유식을 시작하기 전에 아이에게 분유나 모유를 숟가락으로 떠먹이는 것도 이유식에 적응하는 데 도움을 줍니다.

 ## 얼마나 먹일까요?

처음 이유식을 먹일 때는 얼마를 먹여야 할지 몰라 당황하기 쉽습니다. 보통 이유식 조리법에 표시된 것은 1~2회 분량이지만 끝까지 먹여야 하는 것은 아닙니다. 처음에는 한 스푼을 먹이고, 아이에게 별 문제가 없다면 두 스푼을 먹이는 식으로 차츰차츰 양을 늘려가세요. 정해진 이유식 양을 억지로 다 먹이려 하거나 갑자기 먹는 양을 늘릴 때 아이들은 이유식 거부 반응을 보이기도 합니다.

이 시기에는 많이 먹는 것이 중요한 게 아니라 떠먹는 음식에 적응하는 것이 중요합니다. 아이의 반응을 살피면서 그때그때 먹는 양을 조절하세요. 단, 너무 많이 주지는 마세요. 이유식을 다 먹은 후에는 아이용 보리차를 몇 순가락 먹이거나 입 안을 깨끗하게 닦아주세요. 세균이 번식하거나 충치가 생기는 걸 막아줍니다.

 ## 알레르기는 어떻게 알아차리나요?

아이가 쌀미음을 잘 먹는다면 이제 채소를 하나씩 넣어 여러 가지 맛을 느끼게 해주세요. 이때 한 번에 여러 가지 채소를 넣는 게 아니라 무조건 '쌀+채소 1가지'의 원칙을 지켜야 합니다. 아이가 어떤 채소에 거부반응을 보이는지, 어떤 채소에 알레르기 반응을 나타내는지 확인해야 하니 새로운 이유식을 3일 이상 먹이세요. 3일 동안 먹어도 별다른 이상이 없다면 다른 채소로 넘어가면 됩니다. 이 시기에 채소의 맛을 잘 느껴야 중기, 후기 이후에도 채소를 거부하는 일이 줄어듭니다. 만약 아이가 피부 발진이나 알레르기 반응을 보인다면 먹이기를 중단했다가 3개월 후에 다시 먹여보세요. 알레르기 반응을 일으켰던 음식도 대개 돌이 지나면 괜찮아지는데 계속 알레르기 반응을 일으킨다면 반드시 진찰을 받아보아야 합니다.

 ## 이유식을 거부할 때는 어떻게 하나요?

이유식을 신기해하며 잘 받아먹는 아이가 있는 반면 처음 보는 음식에 입을 꼭 다물고 이유식을 거부하는 아이도 있습니다. 아이가 이유식을 거부한다면 억지로 먹이려 하지 말고 양을 줄여 이유식 맛만 살짝 보여주세요. 그래도 여전히 먹지 않는다면 일주일 정도 쉬었다가 다시 시작해도 괜찮습니다. 이유식을 거부하고 젖병만 찾는 아이에게는 엄마 아빠가 맛있게 식사하는 모습을 자꾸 보여주세요.
이유식을 잘 먹던 아이도 몸이 아프거나 예방접종을 한 뒤에는 갑자기 이유식을 거부하기도 합니다. 컨디션이 좋지 않을 때 억지로 먹이지 마세요. 아이의 컨디션이 회복된 후 다시 시작하면 됩니다.

 ## 이유식에 간을 해도 되나요?

이유식을 만들 때는 설탕, 소금, 기타 조미료를 사용하지 않는 것이 원칙입니다. 간을 하지 않고 재료 그 자체의 맛을 느끼게 하는 것이 초기 이유식의 최대 목표입니다. 채소와 쌀의 맛과 향에 익숙해지게 해주세요. 아이가 이유식을 너무 먹지 않아 고민이라면 육수를 맑게 내서 최소한의 천연간만 느끼게 해주세요. 소금이나 참기름 등의 맛을 알게 되면 간을 하지 않은 이유식은 먹으려 들지 않아 편식 습관을 갖게 됩니다. 우리 아이 건강에도 당연히 나쁜 영향을 주지요.

쌀미음

쌀에 따라 물 용량이 조금 달라질 수 있어요. 분유물이나 모유 정도의 묽기로 미음을 만들어주세요.

재료(1~2회분)

- 불린 쌀 20g
- 물 200ml

미리 준비하기

1. 쌀 불려놓기

쌀미음을 처음 시작할 때는 되도록 친환경, 유기농 쌀을 구입해서 만들어주세요. 아이의 장은 아직 어른과 다르니 몸에 좋은 걸로 이유식을 시작해 주세요.

   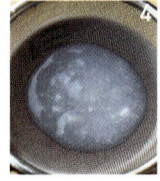

① 깨끗이 씻은 쌀을 약 30분 정도 물에 불린다.
② 불린 쌀을 믹서에 넣어 갈거나 절구로 곱게 빻는다.
③ 쌀을 물에 넣고 중불에서 끓이다 미음이 끓어오르면 약불로 줄인 뒤에 뭉근하게 끓인다.
④ 다 끓인 쌀미음을 체에 거른다.

용량이 적기 때문에 금방 타거나 눌어붙을 수 있어요. 처음부터 끝까지 계속 저어주세요.

감자미음

감자에는 필수아미노산이 많이 들어 있고 조리 과정에서 영양소가 쉽게 파괴되지 않아 초기 이유식 재료로 안성맞춤이에요.

재료(1~2회분)
- 불린 쌀 20g
- 물 200ml
- 찐 감자 1스푼

미리 준비하기
1. 쌀 불려놓기
2. 감자 쪄놓기

감자를 보관할 때 사과를 한두 알 같이 넣어주면 오래 두어도 싹이 트지 않아요.

 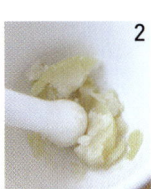 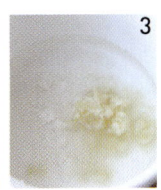 

1. 불린 쌀을 믹서에 넣어 갈거나 절구로 곱게 빻는다.
2. 감자를 찜통에 찐 뒤 으깬다.
3. 분량의 물에 쌀과 찐 감자 1스푼을 넣고 중불에서 끓인다.
   미음이 끓어오르면 불을 약하게 줄인 뒤에 쌀이 익을 때까지 끓인다.
4. 다 끓인 감자미음을 체에 거른다.

♡ 브로콜리미음

비타민 C가 풍부한 브로콜리미음!
감기 걸린 아이들에게 특히 좋아요.

재료(1~2회분)

- 불린 쌀 20g
- 브로콜리 15g
- 물 200ml

미리 준비하기

1. 쌀 불려놓기
2. 브로콜리 데쳐놓기

브로콜리는 향이 강한 채소여서 아이들이 거부할 수 있답니다. 처음부터 너무 많이 먹이려고 하기보다 천천히 브로콜리에 익숙해지게끔 도와주세요.

1. 깨끗이 씻은 쌀을 약 30분 정도 물에 불린다.
2. 브로콜리는 꽃송이 부분만 잘게 떼어내어 끓는 물에 재빨리 데친 후 불린 쌀과 함께 믹서에 간다.
3. 쌀과 브로콜리 간 것을 물에 넣고 중불에 끓이다가 거품이 한 번 일어나면 약불로 줄여 15분 정도 더 끓인다.
4. 완성된 브로콜리미음을 체에 거른다.

이유식 비법 노트

소고기미음

재료(1~2회분)
- 불린 쌀 20g
- 소고기 20g
- 소고기육수 200ml

미리 준비하기
1. 쌀 불려놓기

아이들은 생후 6개월이 되면 엄마에게 받은 철분이 떨어지기 시작합니다. 철분 섭취를 돕는 소고기미음을 꼭 만들어주세요.

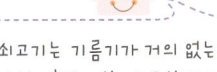

소고기는 기름기가 거의 없는 안심, 홍두깨살, 우둔살 부위 등을 사용해 주세요. 일반적으로 안심이 가장 맛이 좋아요.

 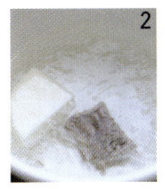 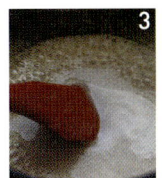 

1. 불린 쌀을 믹서에 넣어 갈거나 절구로 곱게 빻는다.
2. 끓는 물에 소고기와 무를 함께 넣어 푹 삶은 뒤 고기만 꺼내 믹서에 곱게 간다.
3. 준비한 육수에 쌀과 고기 간 것을 넣고 중불에서 끓이다가 거품이 한 번 일어나면 약불로 줄여 뭉근하게 끓인다.
4. 다 끓인 소고기미음을 체에 거른다.

애호박미음

애호박은 알레르기 위험이 적고 소화흡수율이 뛰어나 초기 이유식 재료로 좋아요.

재료(1~2회분)

- 불린 쌀 20g
- 애호박 10g
- 물 200ml

미리 준비하기

1. 쌀 불려놓기

애호박을 초기 이유식 재료로 사용할 경우에는 꼭 겉껍질을 제거하고, 속에 들어 있는 씨를 파낸 뒤 조리하세요. 껍질은 질겨서 소화시키기 어렵고, 씨는 알레르기를 일으킬 수 있거든요.

1. 불린 쌀을 믹서에 넣어 갈거나 절구로 곱게 빻는다.
2. 애호박은 겉껍질을 벗기고 속의 씨를 뺀 다음 끓는 물에 삶아서 믹서에 간다.
3. 쌀과 애호박 간 것을 분량의 물에 넣고 중불에서 끓이다가 거품이 한 번 일어나면 약불로 줄인 뒤 15분 정도 더 끓인다.
4. 다 끓인 애호박미음을 체에 거른다.

고구마미음

재료(1~2회분)

- 불린 쌀 20g
- 찐 고구마 20g
- 물 200ml

미리 준비하기

1. 쌀 불려놓기
2. 고구마 쪄놓기

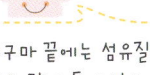

섬유질이 풍부한 고구마는 이유식을 시작하면서 변비에 걸린 아이들에게 도움을 주는 좋은 재료입니다.

고구마 끝에는 섬유질이 너무 많이 들어있으니 잘라내고 조리하세요.

  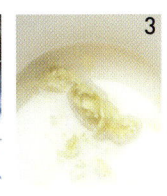 

1 불린 쌀을 믹서에 넣어 갈거나 절구로 곱게 빻는다.
2 고구마는 찜통에 찐 후 껍질을 벗겨 으깬다.
3 물에 쌀을 넣고 중불에서 끓이다가 거품이 한 번 일어나면 약불로 줄이고 으깬 고구마를 넣는다.
4 15분 정도 더 끓인 뒤 체에 거른다.

양배추미음

비타민 B₁, B₂와 비타민 C로 가득한 양배추미음이에요.

재료(1~2회분)

- 불린 쌀 20g
- 찐 양배추 20g
- 물 200ml

미리 준비하기

1. 쌀 불려놓기

1. 불린 쌀을 믹서에 넣어 갈거나 절구로 곱게 빻는다.
2. 양배추는 굵은 심을 제거하고 부드러운 잎만 골라 찐다.
   찐 양배추 잎은 잘게 잘라 물을 조금 넣고 믹서에 간다.
3. 쌀과 양배추 간 것을 물에 넣고 중불에서 끓이다가
   거품이 한 번 일어나면 약불로 줄여 15분 정도 더 끓인다.
4. 다 끓인 양배추미음을 체에 거른다.

양배추의 가운데 심에는 섬유질이 많이 들어 있어요. 아직 아이가 소화하기에는 무리가 있으니 조리할 때 꼭 제거해 주세요.

닭가슴살미음

지방이 적고 소화가 잘 되는 미음이에요.

재료(1~2회분)

- 불린 쌀 20g
- 삶은 닭가슴살 20g
- 물 200ml

미리 준비하기

1. 쌀 불려놓기

1. 불린 쌀을 믹서에 넣어 갈거나 절구로 곱게 빻는다.
2. 닭가슴살을 끓는 물에 넣어 완전하게 삶은 뒤 쌀과 함께 갈아준다.
3. 물에 2의 재료를 넣고 중불에서 끓이다가 거품이 한 번 일어나면 약불로 줄여 15분 정도 더 끓인다.
4. 다 끓인 닭가슴살미음을 체에 거른다.

무미음

감기에 걸렸을 때 만들어 주세요.

재료(1~2회분)
- 불린 쌀 20g
- 무 20g
- 물 200ml

미리 준비하기
1. 쌀 불려놓기

1. 불린 쌀을 믹서에 넣어 갈거나 절구로 곱게 빻는다.
2. 강판에 무를 간다.
3. 쌀과 무 간 것을 물에 넣고 중불에서 끓이다가 거품이 한 번 일면 약불로 줄여 쌀이 푹 익도록 끓인다.
4. 다 끓인 무미음을 체에 거른다.

소화효소가 풍부해 소화가 잘 되는 무미음은 무가 달달한 가을에 만들면 좋아요. 여름철 무는 억세고 매운맛이 강하니 피해주세요.

콜리플라워미음

재료(1~2회분)
- 불린 쌀 20g
- 콜리플라워 20g
- 물 200ml

미리 준비하기
1. 쌀 불려놓기

1. 쌀을 여러 차례 씻어 물에 불린다.
2. 콜리플라워는 꽃송이를 떼어내 끓는 물에 재빨리 데친 후 불린 쌀과 함께 믹서에 간다.
3. 쌀과 콜리플라워 간 것을 물에 넣고 중불에서 끓이다가 거품이 한 번 일어나면 약불로 줄여 15분 정도 더 끓인다.
4. 콜리플라워미음을 체에 걸러준다.

콜리플라워는 브로콜리보다 영양분은 더 많고, 향은 더 약해서 브로콜리를 거부하는 아이들도 아주 잘 먹는 이유식 재료랍니다.

♡ 찹쌀미음

재료(1~2회분)

- 불린 쌀 20g
- 찹쌀 10g
- 물 200ml

미리 준비하기

1. 쌀 불려놓기
2. 찹쌀 불려놓기

  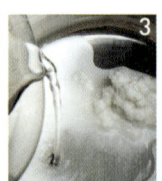 

1. 불린 쌀을 믹서에 넣어 갈거나 절구로 곱게 빻는다.
2. 찹쌀은 미리 깨끗하게 씻어서 2시간 이상 충분히 불린 후 믹서에 갈거나 절구에 곱게 빻는다.
3. 쌀과 찹쌀 간 것을 물에 잘 풀어준 뒤 냄비에 넣고 중불로 끓이다가 거품이 한 번 일면 약불로 줄여 찹쌀이 익도록 끓인다.
4. 다 끓인 찹쌀미음을 체에 걸러준다.

찹쌀미음은 쌀미음 다음으로 소화시키기 쉬운 이유식이에요. 감기에 걸린 아이들에게 아주 좋답니다.

이유식 비법 노트

배미음

콜록 콜록!
기침하는 아이에게
먹여주세요.

재료(1~2회분)
- 불린 쌀 20g
- 배 20g
- 물 200ml

미리 준비하기
1. 쌀 불려놓기

  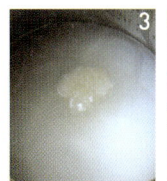 

배미음은 감기 걸린 아이 중 특히 기침을 많이 하는 아이에게 좋은 이유식이에요. 아이가 기침감기에 걸렸을 때 배와 무를 사용한 이유식을 먹이고, 따뜻한 배물을 수시로 물처럼 먹이면 효과가 좋아요.

1. 불린 쌀을 믹서에 넣어 갈거나 절구로 곱게 빻는다.
2. 배는 껍질을 벗겨 강판에 간다.
3. 쌀과 배를 물에 넣고 중불에서 끓이다가 거품이 한 번 일면 약불로 줄여 15분 정도 더 끓인다.
4. 다 끓인 배미음을 체에 거른다.

오이미음

무더운 여름날 수분 보충으로 좋아요.

재료(1~2회분)
- 불린 쌀 20g
- 오이 20g
- 물 200ml

미리 준비하기
1. 쌀 불려놓기

1. 불린 쌀을 믹서에 넣어 갈거나 절구로 곱게 빻는다.
2. 오이는 껍질과 씨를 벗겨내 강판에 간다.
3. 쌀과 오이를 물에 넣고 중불에서 끓이다가 거품이 한 번 일어나면 약불로 줄인 뒤 15분 정도 더 끓인다.
4. 다 끓인 오이미음을 체에 거른다.

오이는 녹색이 진하고 가시가 있으며 탄력이 있는 것이 싱싱해요. 애호박과 마찬가지로 겉껍질과 속의 씨앗을 제거한 뒤 사용하세요.

흑미미음

> 흑미는 고소한 맛이 나서 아이들이 무척 좋아해요.

재료(1~2회분)
- 멥쌀 10g
- 흑미 10g
- 물 200ml

미리 준비하기
1. 쌀 불려놓기

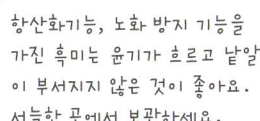

멥쌀과 흑미를 섞기 때문에 위에 부담이 가지 않아요.

항산화기능, 노화 방지 기능을 가진 흑미는 윤기가 흐르고 낱알이 부서지지 않은 것이 좋아요. 서늘한 곳에서 보관하세요.

1. 멥쌀과 흑미를 여러 차례 씻어 약 30분간 물에 불려준다.
2. 불린 쌀을 믹서에 곱게 갈거나 절구에 곱게 빻는다.
3. 쌀을 물에 넣고 중불에서 한 번 끓이다 끓어오르면 약불로 줄인 뒤 흑미가 익을 때까지 끓인다.
4. 다 끓인 흑미미음을 체에 거른다.

브로콜리애호박미음

재료(1~2회분)

▫ 불린 쌀 20g
▫ 브로콜리 10g
▫ 애호박 10g
▫ 물 200ml

미리 준비하기

1. 쌀 불려놓기

브로콜리는 꽃송이 부분만 사용하세요.

애호박 대신 양파, 당근, 감자, 고구마 같이 이미 먹여보았던 야채들을 사용해도 괜찮아요.

1 깨끗이 씻은 쌀을 물에 불려 믹서에 갈거나 절구로 곱게 빻는다.
2 브로콜리와 애호박을 데쳐 쌀과 함께 믹서에 간다.
3 물에 브로콜리와 애호박, 쌀을 간 것을 넣고 중불에서 끓인다.
  미음이 끓어오르면 약불로 줄여 15분 정도 더 끓인다.
4 다 끓인 브로콜리애호박미음을 체에 거른다.

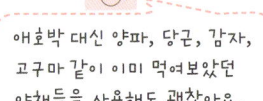
이유식 비법 노트

단호박미음

재료(1~2회분)
- 불린 쌀 20g
- 단호박 20g
- 물 200ml

미리 준비하기
1. 쌀 불려놓기
2. 단호박 찌기

찹쌀을 좀 섞어주면 더 고소해요.

단호박이 아닌 늙은 호박을 사용해도 맛이 좋아요.

 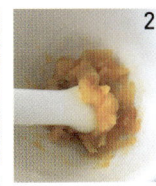  

1. 깨끗이 씻은 쌀을 물에 불렸다 갈고, 단호박은 찐다.
2. 찐 단호박에 물을 조금 넣고 절구로 곱게 으깬다.
3. 갈아준 쌀을 물에 넣고 끓이다가 물이 끓어오르면 으깬 단호박을 넣고 약불로 쌀이 익을 때까지 끓인다.
4. 다 끓인 단호박미음을 체에 거른다.

♡ 흑미닭가슴살미음

재료(1~2회분)

▫ 불린 쌀 10g
▫ 불린 흑미 10g
▫ 닭가슴살 15g
▫ 물 200ml

미리 준비하기

1. 쌀 불려놓기
2. 흑미 불려놓기

닭가슴살 대신 닭안심을 사용해도 좋아요.

닭가슴살을 익혀 1회분씩 포장해 냉동시킨 뒤 하나씩 꺼내 쓰면 편리해요. 사용할 때는 냉장고에 넣어 해동하세요.

1. 깨끗이 씻은 멥쌀과 흑미를 약 30분간 물에 불린다.
2. 닭가슴살을 익히고, 멥쌀과 흑미와 함께 믹서에 간다.
3. 곱게 간 재료를 물에 넣고 중불로 한 번 끓인 후 약불로 줄인다.
4. 다 끓인 흑미닭가슴살미음을 체에 거른다.

사과미음

달착지근한 맛이 일품이에요.

재료(1~2회분)

▫ 불린 쌀 20g
▫ 사과 15g
▫ 물 200ml

미리 준비하기

1. 쌀 불려놓기

사과는 생으로 먹는 것이 가장 좋지만 중기 이유식까지는 익혀 먹여야 해요.

익힌 사과는 변비를 유발할 수 있으니 너무 자주 주지는 마세요.

  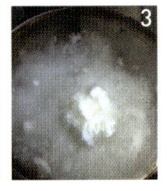 

1️⃣ 깨끗이 씻은 쌀을 물에 불린다.
2️⃣ 사과는 껍질을 벗기고 씨를 제거해 불린 쌀과 함께 믹서에 간다.
3️⃣ 곱게 갈린 사과와 쌀을 물에 넣고 중불에서 끓이다가 약불로 줄여 뭉근하게 익힌다.
4️⃣ 다 끓인 사과미음을 체에 거른다.

콜리플라워사과미음

재료(1~2회분)
- 불린 쌀 20g
- 사과 10g
- 콜리플라워 10g
- 물 200ml

미리 준비하기
1. 쌀 불려놓기

  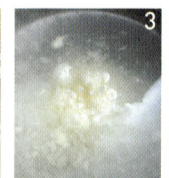 

1. 깨끗이 씻은 쌀을 물에 불린다
2. 콜리플라워, 씨와 껍질을 제거한 사과, 쌀을 함께 믹서에 간다.
3. ❷의 재료를 물에 넣고 중불에서 끓이다가 약불로 줄여 뭉근하게 익힌다.
4. 다 끓인 콜리플라워사과미음을 체에 거른다.

콜리플라워가 없다면 브로콜리를 대신 사용해도 괜찮아요.

배추미음

재료(1~2회분)

- 불린 쌀 20g
- 배춧잎 20g
- 물 200ml

미리 준비하기

1. 쌀 불려놓기

1. 깨끗이 씻은 쌀을 물에 불린다.
2. 배추는 잎 부분을 잘라 데친 뒤 쌀과 함께 물을 조금 넣고 믹서에 간다.
3. 곱게 갈린 재료를 물에 넣고 중불에서 끓이다가 약불로 줄여 15분 정도 더 익힌다.
4. 다 끓인 배추미음을 체에 거른다.

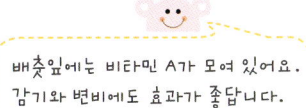

배춧잎에는 비타민 A가 모여 있어요. 감기와 변비에도 효과가 좋답니다.

★이유식 쉽게 만드는 간단 Tip

1. 육수는 넉넉하게 만들어 1회분씩 밀폐용기에 넣어 냉동 보관한다.
2. 재료를 미리 손질해 아이스 큐브에 넣고 얼렸다가 사용한다.
   이때 해동한 재료는 다시 얼리지 않는다.
3. 주말이나 공휴일을 이용해 일주일치의 이유식을 만들어 냉동 보관한다.
4. 급할 때는 미리 해놓은 밥을 사용한다.
   잡곡은 소화하기 어려우니 흰쌀밥일 때만 사용한다.

★이유식의 보관 및 세척

1. 이유식은 유리그릇이나 사기그릇에 보관한다. 플라스틱 제품은 환경호르몬 위험이 있으니 사용하지 않는다.
2. 이유식 그릇은 화학성분이나 화학계 계면활성제가 들어 있지 않은 친환경 젖병 세제로 세척하고 햇볕에 말려 소독한다. 칼, 도마, 냄비 등 조리 도구 역시 마찬가지. 세제가 남지 않도록 여러 번 헹군다.
3. 깨끗이 씻은 이유식기와 조리 도구는 어른들 것과 분리해서 보관한다.

★이유식 재료 사용 TIP

고구마는 찬 온도에 약하니 냉장고 보관보다는 신문지에 싸서 서늘한 곳에 보관하는 게 더 좋아요.

소고기는 핏물을 빼서 조리해야 고기 누린내가 덜해요. 덩어리로 구입하는 것이 제일 좋지만 갈아놓거나 다진 것을 구입한 경우에는 끓는 물에 무를 넣고 함께 삶으면 누린내를 제거할 수 있어요. 고기와 무는 건져내고, 남은 육수는 이유식에 사용하세요.

브로콜리는 소금을 넣은 물에 재빨리 데쳐서 1회분씩 나누어 냉동 보관하면 오랫동안 먹을 수 있어요. 하지만 아이가 먹을 거라면 2~3일을 넘기지 않는 게 좋답니다.

껍질을 벗기지 않은 감자는 햇볕이 들지 않는 서늘한 곳에서 보관하세요. 장기간 보관할 경우 사과를 한두 개 넣어 함께 보관하면 싹이 나는 것을 최대한 방지할 수 있어요. 햇볕이 드는 곳에 보관한다면 구멍을 뚫은 검은 비닐봉지에 넣어서 보관하세요.

이유식에 쓸 애호박은 껍질을 벗겨서 삶은 뒤 으깨거나 절구에 찧어서 한 끼 분량씩 나누어 냉동 보관하면 편리해요. 일반 애호박은 랩에 싸서 냉장실이나 냉장고 야채실에 보관하세요.

껍질을 벗긴 감자는 식초를 두세 방울 떨어트린 물에 담그면 좀더 오래 보관할 수 있어요.

쌀을 밀폐용기에 넣어 냉장고에 보관해도 좋지만, 다 쓴 페트병을 깨끗하게 씻어 말린 뒤에 곡식을 넣어 보관하면 벌레도 생기지 않고 보관이 용이해요.

감자의 껍질을 벗겨 물에 담근 뒤 녹말을 제거해서 강판에 갈아주세요. 1회 이유식 분량만큼 냉동시켰다가 사용하면 시간도 절약되고 편하답니다.

언제 시작할까요?

생후 7개월이 되어 아이가 미음에 어느 정도 익숙해졌다면 이제는 질감이 살짝 느껴지는 이유식을 만들어 주세요. 아이가 오물거리며 씹는 동안 잇몸을 단련하게 된답니다.
아이가 이유식을 반 이상 비운다면 이제 아침·저녁으로 두 번 이유식을 먹이세요. 이유식 양이 늘어나면 분유나 모유 섭취량이 줄어들 수 있습니다. 반대로 이유식을 잘 먹지 않는다고 조바심 낼 필요는 없습니다. 아직까지는 분유나 모유를 통해 영양분을 보충할 수 있기 때문이지요. 아이마다 음식을 받아들이는 시기가 다르니 마음을 편히 먹고 느긋하게 기다려 주세요.
중기 이유식은 아이가 음식의 맛과 향, 질감 등을 손과 입, 잇몸을 통해 본격적으로 느끼는 시기입니다. 옷이 더러워지거나 시간이 많이 걸리더라도 아이가 직접 음식을 손에 쥐게 해 주세요. 손을 사용할 때마다 소근육과 두뇌가 발달합니다.

얼마나 먹일까요?

중기 초반에는 이유식을 하루 두 번 먹이다가 후기로 다가갈수록 하루 세 번으로 양을 늘리는 것이 좋습니다. 갑자기 양을 늘리면 소화기관이 놀라 탈이 날 수 있어요. 한 끼 분량으로 80~120ml를 먹이는데, 아이마다 식성과 양이 다르니 건강 상태가 좋다면 남들보다 적게 먹는다고 걱정할 필요가 없습니다.

간식도 필요해요

아이가 이유식을 잘 먹는다면 하루에 한 번, 정해진 시간에 간식을 주어 먹는 것에 더욱 흥미를 갖게 해주세요. 간식으로는 익힌 과일이나 채소, 작게 썬 고구마나 감자 등이 좋습니다. 단, 익힌 사과는 변비를 유발하니 너무 많이 먹이지 마세요.
간식은 오전 이유식을 먹은 후 점심과 저녁 사이에 주는 것이 좋습니다. 정해진 시간에 주는 연습을 해야 아이가 모유나 분유, 이유식을 거부하는 경우가 줄어듭니다.

이유식에 간을 해도 될까요?

앞에서도 말했다시피 돌이 되기 전까지는 이유식에 절대 간을 하지 말아야 합니다. 처음부터 단맛, 짠맛 등 자극적인 맛에 익숙해지면 아이들은 간이 되지 않은 이유식을 먹기 싫어합니다. 재료의 맛과 향을 느끼기도 전에 먹기를 거부하다 보면 편식 습관이 생기는 것은 당연하겠지요. 아이의 평생 건강을 위해서라도 간을 하지 않고 재료 자체의 맛을 살린 이유식을 먹여주세요.

 ## 컵 사용법을 알려주세요

이유식을 시작하면 아이에게 물을 먹이는 일이 중요해집니다. 입 안에 남은 음식물을 삼키게 도와주고 분유나 모유 대신 물을 섭취함으로써 이유식의 양을 점차 늘릴 수 있으니까요. 처음에는 익힌 과일물이나 아이용 보리차를 컵에 담아주세요. 아이가 물을 마시는 데 익숙해지면 양손으로 잡을 수 있는 컵을 주세요. 이 시기는 아이가 혼자서 컵 사용을 연습하는 시기입니다. 아이가 컵을 사용하지 않고 젖병만 문다면 유치 성장에 방해가 될 수 있습니다. 잘 깨지지 않는 재질에, 쏟아지는 것을 방지하기 위해 뚜껑이 달린 컵을 골라주세요.

 ## 잘 먹지 않는 아이, 어떻게 해야 할까요?

중기 이유식에는 초기 이유식 때보다 더 많은 재료가 들어갑니다. 분유나 모유 같은 농도의 미음에 익숙한 아이들은 질감이 살짝 있는 중기 이유식을 보고 당황할 수 있습니다. 아이가 이유식을 거부하거나 잘 먹지 않는다면 처음 접해보는 질감에 대해 느끼는 아이의 두려움을 충분히 이해해 주세요. 엄마 아빠가 이유식을 먼저 맛보고 과장된 몸짓과 말투로 정말 맛있다고 알려주세요. 이 음식이 낯설거나 무서운 게 아니란 점을 느끼면 거부감이 사라지고 호기심이 생기게 됩니다. 아이의 입장에서 조심스럽게 이유식을 진행해 주세요.

♡ 닭가슴살당근미음

재료(1~2회분)

▫ 불린 쌀 20g
▫ 당근 15g
▫ 닭가슴살 20g
▫ 닭고기 육수 150ml

미리 준비하기

1. 쌀 불려놓기
2. 닭가슴살 익혀놓기

1. 당근은 껍질을 벗겨 끓는 물에 빠르게 데친 후 잘게 다진다. 당근 삶은 물은 버리지 않는다.
2. 미리 익혀둔 닭가슴살과 불린 쌀, 데친 당근을 절구에 넣고 곱게 빻는다.
3. 당근 삶은 물과 닭고기 육수에 2의 재료를 넣고 강불에서 끓인다.
4. 미음이 바글바글 끓어오르면 약불로 줄여서 약 10~15분 정도 더 끓인다.

당근은 삶거나 갈아도 영양소가 쉽게 파괴되지 않아요. 아이들이 소화하기 쉽도록 잘게 다져주세요.

엄마·아빠를 위한 이유식 재료 활용법
자투리 레시피

> 닭가슴살과 당근이 남았다면 맛있는 카레를 만들어 보세요.

카레라이스

1. 익힌 당근과 닭가슴살을 팬에 넣고 달달 볶는다.
2. 달달 볶은 당근과 닭가슴살에 물을 조금 넣고 익힌다.
3. 냄비에 재료와 카레가루를 넣고 끓인다.
4. 밥에 듬뿍 카레를 뿌려 먹는다.

중기 이유식

쇠고기표고버섯미음

비타민과 무기질, 단백질이 풍부한 버섯과 철분 함유량이 높은 쇠고기가 만났어요.

재료(1~2회분)

- 불린 쌀 20g
- 쇠고기 20g
- 표고버섯 15g
- 쇠고기 육수 150ml

미리 준비하기

1. 쌀 불려놓기
2. 쇠고기 익혀놓기

버섯은 비타민 D가 풍부한 표고버섯부터 시작해 주세요.

흐르는 물에 재빨리 씻어 비타민 손실을 막아주세요.

1. 쇠고기는 핏물을 뺀 뒤 팔팔 끓는 물에 삶는다.
2. 표고버섯, 쇠고기, 불린 쌀을 넣고 믹서에 곱게 간다.
3. 쇠고기 육수에 2번의 재료를 넣고 중불에서 끓인다.
4. 한 번 바글바글 끓어오르면 약불로 줄여서 15분 정도 더 끓인다.

> 쇠고기와 표고버섯이 남는다면
> 굴소스쇠고기버섯볶음을 만들어 보세요.

굴소스쇠고기버섯볶음

① 쇠고기와 표고버섯을 먹기 좋은 크기로 자른다.
② ①의 재료를 달군 팬에 넣고 볶는다.
③ 쇠고기가 익으면 굴소스를 넣고 볶으면서 간을 본다.
④ 불을 끄고 참기름과 통깨를 넣어 마무리한다.

쇠고기감자미음

재료(1~2회분)
- 불린 쌀 20g
- 쇠고기 20g
- 감자 20g
- 물 150ml

미리 준비하기
1. 쌀 불려서 갈아놓기
2. 쇠고기 익혀놓기
3. 감자 쪄놓기

   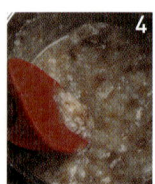

1. 쇠고기는 핏물을 뺀 뒤 팔팔 끓는 물에 삶는다. 무를 넣고 함께 삶으면 누린내를 제거할 수 있다.
2. 감자는 찜통에 찐 뒤에 으깨서 삶은 쇠고기와 함께 절구에 빻는다.
3. 감자와 쇠고기, 쌀을 물에 넣고 중불에서 끓인다.
4. 바글바글 끓어오르면 약불로 줄여서 쌀이 뭉근하게 퍼지도록 끓인다.

찐 감자를 사용하면 고소한 맛과 향이 더 우러나와요.

엄마·아빠를 위한 이유식 재료 활용법
자투리 레시피

감자가 많이 남는 경우
감자채볶음을 만들어 보세요.

감자채볶음

① 감자는 껍질을 벗겨 0.5cm 정도로 채 썰어 찬물에 담가 전분기를 제거한다.
② 감자의 물기를 빼준다.
③ 달군 팬에 포도씨유와 다진 마늘을 넣고 달달 볶다가 감자를 넣고 볶는다.
④ 소금과 통깨로 간을 맞춘다.

쇠고기애호박죽

재료(1~2회분)
- 불린 쌀 20g
- 쇠고기 20g
- 애호박 15g
- 물 150ml

미리 준비하기
1. 쌀 불려서 빻아놓기
2. 쇠고기 익혀놓기

  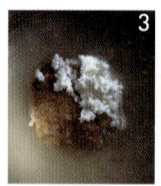 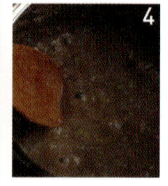

1. 쇠고기는 핏물을 뺀 뒤 팔팔 끓는 물에 삶는다.
2. 애호박은 겉껍질을 벗기고 속의 씨를 뺀 다음 잘게 다져 익힌 쇠고기와 함께 믹서에 간다.
3. 오목한 팬에 물과 애호박, 쇠고기 다진 것과 빻은 쌀을 넣어 강불에서 바글바글 끓인다.
4. 한 번 바글바글 끓어오르면 약불로 줄여서 약 10~15분 정도 더 끓인다.

애호박은 겉껍질에 섬유질이 많이 들어 있어요. 아이들이 소화하기 힘들 수 있으니 이유식을 만들 때는 꼭 겉껍질을 벗겨주세요.

엄마·아빠를 위한 이유식 재료 활용법
자투리 레시피

> 애호박과 새우젓의 환상 궁합!
> 애호박새우젓볶음을 만들어 보세요.

애호박새우젓볶음

① 애호박은 0.5cm 두께의 반달 모양으로 썬다.
② 달군 팬에 포도씨유와 마늘을 넣고 볶다가 썰어놓은 애호박을 넣는다.
③ 잘게 다진 새우젓을 국물과 같이 1/2스푼 넣고,
   고춧가루도 1/2스푼 넣어 간을 맞춘다.
④ 불을 끄고 통깨를 넣어 마무리한다.

닭가슴살표고버섯죽

재료(1~2회분)
- 불린 쌀 20g
- 닭가슴살 20g
- 표고버섯 10g
- 닭고기 육수 150ml

미리 준비하기
1. 닭가슴살 익혀놓기
2. 쌀 불려놓기

1. 팔팔 끓는 물에 닭가슴살과 양파, 무를 넣고 삶는다.
2. 표고버섯, 닭가슴살, 쌀을 절구에 넣고 빻는다.
3. 닭고기 육수에 2의 재료를 넣고 중불에서 끓인다.
4. 바글바글 끓어오르면 약불로 줄여서 15분 정도 더 끓인다.

엄마·아빠를 위한 이유식 재료 활용법
자투리 레시피

> 닭가슴살이 남았을 경우
> 닭가슴살샐러드를 해먹어 보아요.

닭가슴살샐러드

① 익힌 닭가슴살을 잘게 찢어 소금·후추 간을 한다.
② 샐러드 야채를 씻어서 물기를 빼놓는다.
③ 간장 1스푼, 포도씨유 3스푼, 2배식초 1스푼,
   설탕 1스푼, 요리당 1스푼을 넣어 드레싱을 만든다.
④ ①과 ②를 섞고 드레싱을 뿌린다.

감자브로콜리죽

재료(1~2회분)

- 불린 쌀 20g
- 찐 감자 20g
- 브로콜리 15g
- 야채 육수 150ml

미리 준비하기

1. 감자와 브로콜리 손질하기

1. 깨끗이 씻은 쌀을 물에 불린다.
2. 감자는 찌고, 브로콜리는 꽃송이 부분만 잘라내어 살짝 데친 뒤 불린 쌀과 함께 절구에 찧는다.
3. 야채 육수에 2를 넣고 강불에서 끓인다.
4. 바글바글 끓어오르면 약불로 줄여서 약 10~15분 정도 더 끓인다.

> 감자는 수분이 많이 닿지 않아야 좀더 고소하고 단맛이 나요.

> 브로콜리의 줄기 부분은 질겨서 아이가 소화하기 힘들어요. 이유식을 만들 때는 꽃송이 부분만 사용하세요.

> 감자와 브로콜리가 많을 경우
> 감자샐러드를 해보는 건 어떨까요?

감자샐러드

① 찐 감자를 으깬 뒤 데친 브로콜리를 잘게 다져서 섞는다.
② 마요네즈와 설탕을 약간 넣어서 간을 하면 감자 샐러드가 완성된다.

광어감자죽

고소하고 담백한 맛이 일품이에요.

재료(1~2회분)
- 불린 쌀 20g
- 광어 20g
- 감자 20g
- 물 150ml

미리 준비하기
1. 광어 익혀놓기
2. 감자 익혀놓기
3. 쌀 불려놓기

   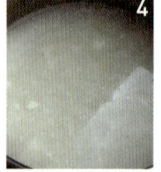

1 김이 오른 찜통에 광어와 감자를 올려 익힌다.
2 익힌 감자와 광어, 쌀을 작은 건더기가 보일 정도로 절구에 빻는다.
3 2의 재료를 분량의 물에 넣고 끓인다.
4 내용물이 바글바글 끓어오르면 약불로 줄여서 15분 정도 더 끓인다.

엄마·아빠를 위한 이유식 재료 활용법
자투리 레시피

광어가 남았다면 매콤한 회덮밥은 어떨까요?

회덮밥

① 회덮밥에 들어갈 야채를 손질한다.
② 고추장 1스푼, 요리당 1스푼, 2배식초 1스푼, 고춧가루 1스푼을 넣어 양념장을 만든다.
③ 오목한 그릇에 밥을 넣고 참기름을 살짝 뿌린 뒤에 손질한 야채를 올리면 회덮밥이 완성된다.

중기 이유식

♡ 광어무죽

재료(1~2회분)

- 불린 쌀 20g
- 광어 20g
- 무 20g
- 물 150ml

미리 준비하기

1. 광어 익혀주기
2. 쌀 불려놓기

> 냉동보다는 생물 생선이 비린내가 덜 나서 좋아요.

> 생선을 사용한 이유식을 만들 때는 알레르기 위험이 적은 흰살생선류로 먼저 만들어 주세요. 가시는 반드시 꼼꼼하게 제거해 주세요.

  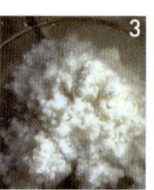 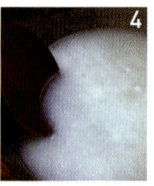

1. 김이 오른 찜통에 무를 올리고, 그 위에 광어를 올려 익힌다.
2. 익힌 광어와 무, 쌀을 건더기가 약간 남을 정도로 절구에 살살 빻는다.
3. 빻은 쌀과 광어, 무를 물에 넣고 강불에서 끓인다.
4. 죽이 바글바글 끓어오르면 약불로 줄여서 약 10~15분 정도 더 끓인다.

> 이유식을 만들고 남은 광어로
> 카르파초를 해먹어 볼까요?

광어카르파초

① 발사믹식초 반 컵에 황설탕 1스푼을 넣고
  식초가 절반 이상으로 졸아들 때까지 끓인다.
② 소스를 식혀 접시에 뿌리고 새싹채소를 올린 다음 광어를 놓는다.
③ 광어 위에 소스를 살짝 뿌리면 카르파초가 완성된다.

♡ 양배추닭죽

재료(1~2회분)

- 불린 쌀 20g
- 닭가슴살 20g
- 양배추 5g
- 물 150ml

미리 준비하기

1. 닭가슴살 익혀놓기

1. 깨끗이 씻은 쌀을 물에 불린다.
2. 익은 닭가슴살과 양배추를 잘게 다져서 불린 쌀과 함께 절구에 곱게 빻는다.
3. 팬에 물과 2의 재료를 넣고 중불에서 끓인다.
4. 양배추닭죽이 바글바글 끓어오르면 약불로 줄여서 뭉근하게 끓인다.

양배추는 심이 아닌 잎 부분만 사용하세요.

이유식 비법 노트

엄마·아빠를 위한 이유식 재료 활용법
자투리 레시피

> 이유식을 만들고 남은 양배추와 닭가슴살로
> 닭가슴살양배추말이를 만들어 보세요.

닭가슴살양배추말이

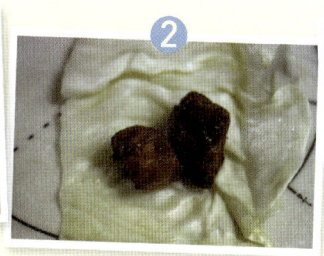

1. 닭가슴살에 굴소스와 참기름을 약간 넣고 팬에 달달 볶는다.
2. 찜통에 찐 양배추를 넓게 펼쳐 달달 볶은 닭가슴살을 넣고 말아준다.
3. 간장 5스푼, 설탕 2스푼, 물 1스푼을 넣고 만든 데리야끼 소스에 녹말물을 넣고 걸쭉하게 졸인다.
4. 양배추말이에 소스를 뿌려 먹는다.

고구마죽

변비에 좋아요!

재료(1~2회분)

- 불린 쌀 20g
- 찐 고구마 20g
- 야채 육수 150ml

미리 준비하기

1. 고구마 쪄놓기
2. 쌀 불려놓기

  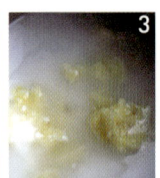 

1. 고구마는 쪄서 으깬다.
2. 불린 쌀은 절구에 살짝 빻아준다.
3. 야채 육수에 고구마 으깬 것과 빻은 쌀을 넣고 강불에서 끓인다.
4. 바글바글 끓어오르면 약불로 줄여서 약 10~15분 정도 더 끓인다.

고구마를 찌거나 구울 때는 물이 많이 닿지 않게 해주세요. 그래야 단맛과 고소한 맛이 배가 된답니다.

> 남은 고구마로
> 달콤한 맛탕을 만들어 보세요.

고구마맛탕

① 고구마를 먹기 좋은 크기로 썬다.
② 팬에 포도씨유를 넣고 달군 다음 고구마를 넣어 튀긴다.
③ 고구마가 익으면 설탕을 솔솔 뿌려 코팅시킨다.
④ 따뜻할 때 먹는다.

현미죽

재료(1~2회분)
- 불린 쌀 10g
- 불린 현미 15g
- 물 150ml

미리 준비하기
1. 쌀과 현미 불려놓기

> 중기 이유식에 접어들면 잡곡 섭취를 시작해 주세요. 잡곡의 영양분이 아이의 두뇌 발달을 도와주거든요.

> 잡곡만으로 이유식을 만들 경우 소화가 어려우니 쌀과 섞어 만들어 주세요.

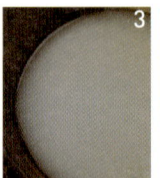

1. 깨끗이 씻은 쌀과 현미를 물에 불린다.
2. 물에 불린 쌀과 현미를 절구에 덩어리지게 빻는다.
3. 쌀과 현미를 물에 넣고 중불로 끓인다.
4. 현미죽이 바글바글 끓어오르면 약불로 줄여서 15분간 더 끓인다.

현미로 맛있는 현미밥을 만들어 볼까요?

현미밥

① 현미를 물에 충분히 불린다.
② 찹쌀현미가 아니라면 평소 백미보다 물을 약 1.5배 더 넣어 밥을 짓는다.
③ 건강식 현미밥이 완성된다.

♡ 찹쌀콩죽

찹쌀과 콩은 영양소가 풍부하고 맛도 고소해서 아이들이 좋아해요.

재료(1~2회분)

- 불린 쌀 10g
- 찹쌀 10g
- 검은콩 10g
- 물 150ml

미리 준비하기

1. 쌀과 찹쌀 불려놓기
2. 검은콩 익히기

콩에는 단백질과 필수 지방산, 섬유질이 듬뿍 들어 있어요. 처음 콩을 먹일 때 알레르기 반응을 꼭 확인하세요. 알레르기가 나타나지 않는다면 각종 영양소가 풍부한 콩은 더할 나위 없이 좋은 이유식 재료가 된답니다.

1. 쌀과 찹쌀을 깨끗이 씻어 물에 불린다.
2. 검은콩은 익혀 껍질을 벗기고, 불린 쌀들과 함께 절구에 넣어 적당히 건더기가 생기도록 빻는다.
3. 재료들을 물에 넣고 잘 풀어준 뒤 강불에서 계속 저으면서 끓인다.
4. 한소끔 끓어오르면 약불로 줄여 15분 정도 더 끓인다.

> 찹쌀과 콩이 많다면
> 콩찰떡을 만들어 보는 건 어떨까요?

콩찰떡

① 찹쌀가루 180g, 물 200ml, 설탕 40g, 소금 1티스푼, 검은콩 찐 것을 전자레인지에 사용 가능한 그릇에 넣는다.

② 전자레인지에 넣고 3분씩 3번 돌린다.
3분이 지날 때마다 꺼내서 바닥까지 박박 긁으며 섞는다.

③ 콩찰떡이 완성되면 전분가루나 콩가루에 굴려 먹기 좋은 크기로 썰어 먹는다.

현미버섯죽

재료(1~2회분)

- 불린 쌀 10g
- 불린 현미 10g
- 표고버섯 10g
- 물 150ml

미리 준비하기

1. 쌀과 현미 불려놓기

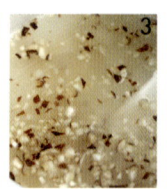

1. 물에 불린 쌀과 현미를 절구에 으깬다.
2. 표고버섯은 곱게 다진다.
3. 물이 끓어오르면 쌀과 현미, 표고버섯을 넣고 강불에서 바글바글 끓인다.
4. 약불로 줄여 15분간 더 끓인다.

엄마·아빠를 위한 이유식 재료 활용법
자투리 레시피

> 남은 재료를 사용해 현미버섯밥을 만들어 보세요.

현미버섯밥

① 현미는 물에 충분히 불린다.
② 표고버섯은 먹기 좋은 크기로 손질한다.
③ 냄비에 현미와 표고버섯을 넣고 중불에서 끓이다가 내용물이 끓어오르면 약불로 줄여 타닥타닥 소리가 날 때까지 끓인다.
④ 밥이 다 익으면 뜸을 들인 뒤 먹는다.

♥ 두부닭죽

재료(1~2회분)
- 불린 쌀 20g
- 두부 15g
- 닭가슴살 10g
- 닭고기 육수 150ml

미리 준비하기
1. 쌀 불려놓기

국산 콩으로 만들어진 두부인지, GMO 프리 제품인지 확인하세요.

콩 알레르기가 있는 아이라면 두부는 피해주세요.

1. 깨끗이 씻은 쌀을 물에 불려 절구에 빻는다.
2. 두부와 닭가슴살은 익혀서 으깬다.
3. 물이 끓어오르면 쌀과 두부, 닭가슴살을 넣고 강불에서 바글바글 끓인다.
4. 한소끔 끓어오르면 약불로 줄여서 15분 정도 더 끓인다.

엄마·아빠를 위한 이유식 재료 활용법
자투리 레시피

> 두부가 많이 남았다면 두부부침을 만들어 보세요.

두부부침

1. 두부에 소금을 살짝 뿌린 뒤 물기를 잘 닦아 녹말가루를 묻힌다.
2. 포도씨유를 두른 팬에 두부를 노릇노릇해질 때까지 굽는다.
3. 간장 1스푼, 설탕 1스푼, 고춧가루 1스푼, 다진 파 1스푼, 매실액 1/2스푼, 참기름 약간, 후춧가루 약간을 넣어 두부와 함께 먹을 양념장을 만든다.
4. 부친 두부를 가지런히 담아 양념장을 뿌려 먹는다.

연두부버섯죽

재료(1~2회분)

- 불린 쌀 20g
- 연두부 20g
- 새송이버섯 10g
- 물 150ml

미리 준비하기

1. 쌀 불려놓기

1. 깨끗이 씻은 쌀을 물에 불려 믹서에 갈거나 절구로 곱게 빻는다.
2. 연두부는 칼등으로 으깨고 새송이버섯은 잘게 다진다.
3. 재료들을 물에 넣고 중불에서 끓인다.
4. 한소끔 끓어오르면 약불로 줄이고 뭉근하게 끓인다.

연두부는 질감이 부드러워 아이들이 쉽게 넘기는 재료랍니다.

연두부 대신 두부를 사용해도 좋아요.

> 양념간장을 만들어 연두부 위에 살짝 뿌려보세요.

연두부양념간장

① 양조간장 1스푼, 고춧가루 1/2스푼, 설탕 1과 1/2스푼, 매실액 1스푼, 참기름, 후춧가루, 깨소금을 한데 넣고 섞는다.
② 연두부를 그릇에 놓고 양념장을 뿌리면 간단하게 완성된다.

♥ 닭가슴살청경채죽

비타민 C와 칼슘, 단백질이 듬뿍 들어 있어요!

재료(1~2회분)
- 불린 쌀 20g
- 닭가슴살 20g
- 청경채 10g
- 물 150ml

미리 준비하기
1. 쌀 불려놓기
2. 닭가슴살 익혀놓기

청경채는 잎줄기가 엷은 청록색을 띠고, 광택이 있으며, 잎이 시들지 않은 것을 고르세요.

닭가슴살에 부족한 비타민을 청경채가 채워준답니다.

1. 불려놓은 쌀과 익힌 닭가슴살을 절구에 빻는다.
2. 청경채는 잎 부분만을 끓는 물에 데쳐 잘게 다진다.
3. 1과 2의 재료를 분량의 물과 함께 넣고 오목한 팬에 강불로 끓인다.
4. 3의 재료가 한 번 바글바글 끓어오르면 약불로 줄여 15분 정도 더 끓인다.

자투리 레시피

> 남은 재료들로 닭가슴살청경채말이를 만들어 볼까요?

닭가슴살청경채말이

① 간장 5스푼, 설탕 2스푼, 물 1스푼을 넣고 데리야끼 소스를 만들어 닭가슴살을 졸인다.
② 청경채를 살짝 데쳐 물기를 짜낸 뒤 펼쳐놓는다.
③ 데친 청경채 위에 닭가슴살을 올리고 돌돌 말아준다.
④ 닭가슴살 청경채 말이에 소스를 뿌려 먹는다.

♡ 영양닭죽

재료(1~2회분)
- 불린 쌀 20g
- 닭가슴살 20g
- 대추 3g
- 표고버섯 5g
- 닭고기 육수 150ml

미리 준비하기
1. 쌀 불려놓기

영양닭죽을 만들 때 인삼은 넣지 말아 주세요. 돌이 지나기 전까지 인삼은 먹이지 않는 게 좋아요.

  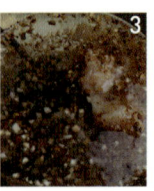 

1. 깨끗이 씻은 쌀을 물에 불려 절구에 으깬다.
2. 닭가슴살과 대추, 표고버섯을 곱게 다진다.
3. 닭고기 육수에 2번의 재료를 넣고 끓인다.
4. 한소끔 끓어오르면 쌀을 넣고 약불로 줄여 15분 정도 더 끓인다.

> 오늘 저녁 반찬으로
> 표고버섯대추조림은 어떨까요?

표고버섯대추조림

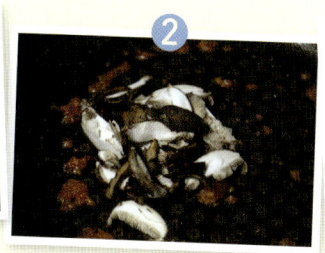

① 고추기름에 다진마늘을 넣고 달달 볶는다.
② ①번에 표고버섯과 대추 채 썬 것을 넣고 좀더 볶는다.
③ 재료들이 어느 정도 익으면 양조간장 1스푼, 설탕 1/2스푼, 닭고기 육수 2스푼을 넣고 졸인다.
④ 표고버섯 대추조림이 완성된다.

흑미무죽

재료(1~2회분)
- 불린 쌀 10g
- 흑미 10g
- 무 15g
- 물 150ml

미리 준비하기
1. 쌀과 흑미 불려놓기

흑미의 고소함이 맛을 더하고,
무의 비타민이 영양소를 보충해요.

1. 흑미와 쌀을 깨끗이 씻어 물에 불린다.
2. 불린 쌀과 흑미를 잘게 다진 무와 함께 절구에 넣고 빻는다.
3. 팬에 2의 재료와 물을 약간 넣고 중불에서 볶는다.
4. 쌀이 뭉치는 느낌이 들면 물을 붓고 약불에서 쌀이 익도록 끓인다.

소화가 잘 되는 무나물을 만들어 볼까요?

무나물

① 달군 팬에 포도씨유와 채 썬 무를 넣고 달달 볶는다.
② 무가 휘어질 정도로 익으면 소금 1/2티스푼을 넣고 더 볶는다.
③ 무가 투명해지면 후춧가루, 깨소금, 참기름을 넣고 볶는다.
④ 부드러운 무나물이 완성된다.

두부애호박죽

재료(1~2회분)
- 불린 쌀 20g
- 두부 15g
- 애호박 10g
- 물 150ml

미리 준비하기
1. 쌀 불려놓기

1. 깨끗이 씻은 쌀을 물에 불려 절구에 으깬다.
2. 애호박은 껍질을 벗겨 잘게 다지고 두부는 물기를 빼고 으깬다.
3. 달군 팬에 쌀과 애호박, 두부를 넣고 달달 볶다가 익으면 물을 붓고 끓인다.
4. 강불에서 한소끔 끓으면 약불로 줄여 15분정도 더 끓인다.

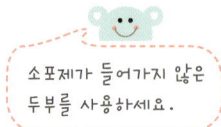

소포제가 들어가지 않은 두부를 사용하세요.

자투리 레시피

어른의 입맛, 두부김치를 만들어 보세요.

두부김치

1. 먹기 좋은 크기로 썬 두부를 녹말가루에 묻혀 기름에 부친다.
2. 잘게 썬 김치에 참기름과 설탕을 약간 넣고 다진 파를 넣어 달달 볶는다.
3. 두부와 볶음김치를 가지런히 놓으면 두부김치가 완성된다.

흑미호박죽

재료(1~2회분)

- 불린 쌀 20g
- 흑미 5g
- 단호박 15g
- 물 150ml

미리 준비하기

1. 쌀과 흑미 불려놓기
2. 단호박 찌기

   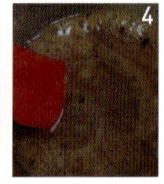

흑미가 없을 때는 쌀만 넣어 만들어도 괜찮아요.

1. 깨끗이 씻은 쌀과 흑미를 미지근한 물에 불린다.
2. 단호박은 쪄서 으깨고, 불린 쌀과 흑미와 함께 거칠게 갈아준다.
3. 냄비에 물과 2의 재료를 넣고 강불에서 끓인다.
4. 바글바글 끓어오르면 약불로 줄여 15분 정도 더 끓인다.

엄마·아빠를 위한 이유식 재료 활용법
자투리 레시피

> 달콤한 단호박꿀구이가 입에서 살살 녹아요.

단호박꿀구이

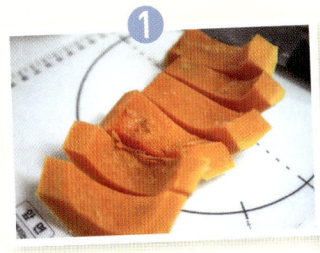
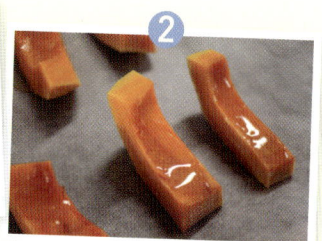

① 단호박을 반달 모양으로 자른다.
② 단호박에 꿀을 살짝 발라 200도로 예열한 오븐에서 구워준다.
③ 다 구워진 단호박에 꿀을 한 번 덧발라 먹는다.

닭가슴살근대죽

장운동을 도와주는 닭가슴살근대죽! 변비가 있는 아이에게 꼭 먹여주세요.

재료(1~2회분)

- 불린 쌀 20g
- 닭가슴살 20g
- 근대 10g
- 물 150ml

미리 준비하기

1. 쌀 불려놓기

불린 쌀을 볶을 때는 물을 1~2스푼 넣어주세요.

근대같이 섬유질이 풍부한 재료는 잘게 다져주세요. 그래야 아이들이 소화를 잘 시킬 수 있어요.

1. 근대는 끓는 물에 살짝 데쳐서 물기를 꼭 짠다.
2. 물기를 제거한 근대를 닭가슴살과 함께 잘게 다진다.
3. 달군 팬에 불린 쌀을 넣고 볶는다.
4. 쌀알이 익으면 2의 재료와 물을 붓고 중불로 끓이다가 한 번 바글바글 끓어오르면 약불로 줄여 15분 정도 더 끓인다.

오늘 반찬은 시원한 근대된장국이 어떨까요?

근대된장국

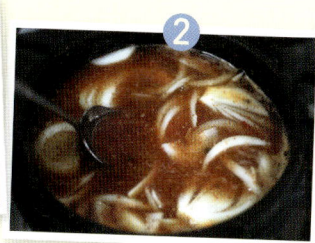

① 쌀뜨물에 된장을 풀어 끓인다.
② 된장국물이 끓어오르면 양파, 애호박, 다진 마늘, 소금 약간을 넣고 더 끓인다.
③ ❷번이 끓으면 손질한 근대를 넣고 한소끔 더 끓인다.
④ 시원한 근대 된장국이 완성된다.

배추검은깨죽

재료(1~2회분)

- 불린 쌀 20g
- 배춧잎 20g
- 검은깨 5g
- 물 150ml

미리 준비하기

1. 쌀 불려놓기

배추는 섬유질이 많아 소화가 어려우니 줄기가 아닌 잎 부분만 사용하세요.

검은깨는 그냥 주지 말고 꼭 갈거나 빻아주세요. 그래야 아이들이 소화를 잘 시킬 수 있어요.

1 깨끗이 씻은 쌀을 물에 불려 믹서에 갈거나 절구로 곱게 빻는다.
2 배춧잎은 곱게 다져서 검은깨와 함께 절구에 빻는다.
3 쌀과 배추, 검은깨를 물과 함께 팬에 넣고 강불에서 끓인다.
4 한소끔 끓어오르면 약불로 줄여 15분 정도 더 끓인다.

> 달콤한 배추된장국을 만들어 보세요.

배추된장국

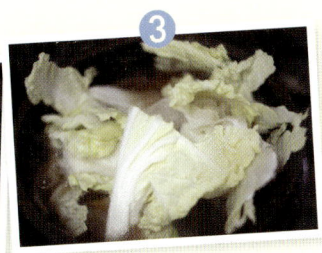

① 쌀뜨물에 된장을 풀어 끓인다.
② 된장국물이 끓어오르면 애호박과 다진 마늘, 소금 약간을 넣고 더 끓인다.
③ ②번이 끓으면 먹기 좋은 크기로 자른 배추를 넣고 한소끔 더 끓인다.
④ 시원하고 달콤한 맛의 배추된장국이 완성된다.

쇠고기흑미죽

재료(1~2회분)
- 불린 쌀 20g
- 쇠고기 20g
- 흑미 10g
- 물 150ml

미리 준비하기
1. 쌀과 흑미 불려놓기

1. 깨끗이 씻은 쌀과 흑미를 미지근한 물에 불려 절구에 으깬다.
2. 쇠고기는 잘게 다진다.
3. 팬에 1과 2의 재료를 넣고 볶는다.
4. 쇠고기가 익으면 물을 부어 약불에서 뭉근하게 끓인다.

엄마·아빠를 위한 이유식 재료 활용법
자투리 레시피

쇠고기가 남았다면 장조림에 도전해 보세요.

쇠고기장조림

1. 쇠고기는 찬물에 담가 핏물을 뺀다.
2. 끓는 물에 쇠고기, 양파, 대파, 통후추를 넣고 익힌다.
3. 1번에 저염간장, 아가베시럽, 후춧가루, 참기름 약간을 넣어 졸인다.
4. 먹기 좋게 찢어서 반찬그릇에 담는다.

애호박근대죽

재료(1~2회분)
- 불린 쌀 20g
- 애호박 20g
- 근대 5g
- 물 150ml

미리 준비하기
1. 쌀 불려놓기

1. 깨끗이 씻은 쌀을 물에 불려 절구에 으깬다.
2. 애호박은 껍질을 벗기고 씨를 뺀 뒤에 잘게 다지고, 근대는 끓는 물에 데쳐서 잘게 다진다.
3. 분량의 물과 함께 1과 2의 재료를 넣고 중불에서 끓인다.
4. 한소끔 끓어오르면 약불로 줄여 15분 정도 더 끓인다.

아이가 설사를 할 때는 근대나 아욱 등 섬유질이 풍부해 장운동에 좋은 채소는 피해주세요.

> 철분 흡수를 도와주는
> 근대된장무침을 만들어 볼까요?

근대된장무침

① 근대는 끓는 물에 재빠르게 데쳐 물기를 제거한다.
② 데친 근대는 먹기 좋은 크기로 자르고, 파는 쫑쫑 썬다.
③ 근대와 파에 된장 1스푼, 들기름 1스푼, 고춧가루 1스푼, 다진 마늘 1/2스푼을 넣고 무친다.
④ 반찬그릇에 담으면 근대된장무침이 완성된다.

애호박새송이버섯죽

재료(1~2회분)

- 불린 쌀 20g
- 애호박 10g
- 새송이버섯 15g
- 물 150ml

미리 준비하기

1. 쌀 불려놓기

   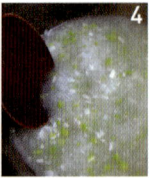

1. 깨끗이 씻은 쌀을 물에 불려 믹서에 갈거나 절구로 곱게 빻는다.
2. 애호박은 껍질을 벗기고 씨를 뺀 뒤 잘게 다지고, 새송이버섯도 얇게 잘라 다진다.
3. 1과 2의 재료에 물 1~2스푼을 넣고 달군 팬에 달달 볶는다.
4. 재료들이 한데 엉키면 분량의 물을 붓고 강불에서 끓이다가 약불로 줄여 15분 정도 더 끓인다.

엄마·아빠를 위한 이유식 재료 활용법
자투리 레시피

> 새콤달콤한 새송이버섯냉채를 만들어 보아요.

새송이버섯냉채

① 새송이버섯은 끓는 물에 데친 후 물기를 꼭 짠다.
② 데친 새송이버섯을 잘게 찢는다.
③ 연겨자 1스푼, 땅콩버터 1/2스푼, 설탕 1스푼, 물 1스푼, 2배식초 1스푼을 넣어 겨자 소스를 만든다.
④ 잘게 찢은 새송이버섯 위에 겨자 소스를 뿌려 먹는다.

닭가슴살새송이버섯죽

재료(1~2회분)
- 불린 쌀 20g
- 닭가슴살 20g
- 새송이버섯 15g
- 물 150ml
- 양파 30g

미리 준비하기
1. 쌀 불려놓기

  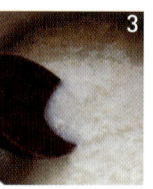 

1. 닭가슴살과 양파를 끓는 물에 삶는다.
2. 불린 쌀, 익힌 닭가슴살, 새송이버섯을 넣고 믹서로 간다.
3. 팬에 2의 재료와 분량의 물을 넣고 중불에서 끓인다.
4. 3이 끓어오르면 약불로 줄여 뭉근하게 끓인다.

닭가슴살 대신 닭안심으로
만들어도 좋아요.

매콤한 닭가슴살야채볶음에 도전해 보세요.

닭가슴살야채볶음

1. 닭가슴살은 먹기 좋은 크기로 손질하고 야채는 작은 크기로 썬다.
2. 고추장 1/3스푼, 진간장 2스푼, 고춧가루 1스푼, 요리당 1스푼, 매실액 1스푼, 다진마늘 1/2스푼, 후춧가루와 참기름을 조금 넣어 양념장을 만든다.
3. 달군 팬에 닭가슴살과 야채, 양념장을 넣고 볶는다.
4. 재료가 다 익으면 접시에 담고 통깨를 솔솔 뿌려 완성한다.

닭가슴살고구마죽

재료(1~2회분)

- 불린 쌀 20g
- 닭가슴살 15g
- 찐 고구마 20g
- 물 150ml

미리 준비하기

1. 쌀 불려놓기
2. 닭가슴살 익혀놓기

1. 고구마는 찜통에 찐다.
2. 익힌 닭가슴살과 불린 쌀, 찐 고구마를 절구에 넣고 으깬다.
3. 으깬 재료와 분량의 물을 냄비에 넣고 강불에서 끓인다.
4. ❸이 한 번 바글바글 끓어오르면 약불로 줄여서 약 10~15분 정도 더 끓인다.

달콤한 고구마샐러드를 만들어 볼까요?

고구마샐러드

① 고구마는 쪄서 으깨고, 파프리카와 브로콜리는 잘게 다진다.
② ①의 재료에 마요네즈 1스푼과 설탕 1스푼을 넣고 섞는다.
③ 달콤한 고구마샐러드가 완성된다.

버섯들깨죽

재료(1~2회분)

- 불린 쌀 20g
- 들깨 15g
- 새송이버섯 100g
- 물 150ml

미리 준비하기

1. 쌀 불려놓기

1. 깨끗이 씻은 쌀을 물에 불려 믹서에 갈거나 절구로 곱게 빻는다.
2. 들깨는 물을 넣어 곱게 갈고 체에 받쳐 건더기를 걸러낸다. 새송이버섯은 잘게 다진다.
3. 달군 팬에 쌀, 새송이버섯을 넣고 약불에서 볶는다.
4. 3이 익으면 들깨국물을 넣고 15분 정도 더 끓인다.

들깨가루는 입자가 거칠어서 아이들이 싫어할 수 있어요. 최대한 곱게 갈아주세요.

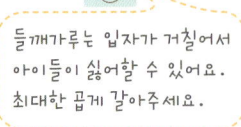

> 몸에 좋은 버섯들깨탕을 만들어 보아요.

버섯들깨탕

1. 여러 종류의 버섯을 준비해 손질한다.
2. 멸치 육수에 들깨를 갈아 넣고, 손질한 버섯도 함께 넣어 끓인다.
3. 국간장과 소금으로 간을 맞춘다.
4. 입맛을 돋우는 버섯들깨탕이 완성된다.

노른자야채죽

칼슘, 철분이 풍부하고 소화도 잘 돼요.

재료(1~2회분)
- 불린 쌀 20g
- 당근 5g
- 양파 10g
- 노른자 1개
- 물 150ml

미리 준비하기
1. 쌀 불려놓기

계란은 영양이 풍부한 식품이지만 알레르기를 유발할 수 있어요. 노른자는 완전히 익혀 먹이고, 흰자는 아직 먹이지 마세요.

알레르기가 있다면 노른자도 먹이지 마세요.

1. 깨끗이 씻은 쌀을 물에 불려 절구에 으깬다.
2. 당근, 양파는 잘게 다지고 계란은 노른자와 흰자를 분리한다.
3. 쌀과 당근, 양파를 팬에 넣고 달달 볶다가 물을 넣어 끓인다.
4. 3이 끓어오르면 계란노른자를 풀어준 뒤 약불에서 익힌다.

> 이유식을 만들고 남은 흰자로 머랭과자를 만들어 볼까요?

머랭과자

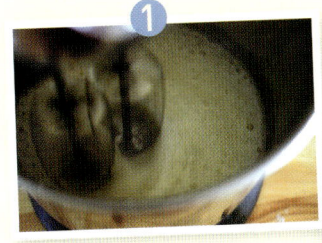
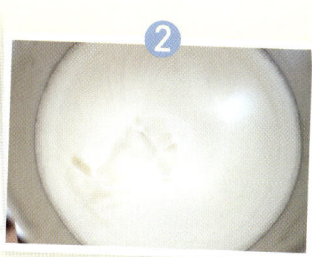

❶ 3개 분량의 흰자에 설탕 1스푼을 섞고 거품기를 돌린다.
❷ 볼을 뒤집어도 머랭이 흘러내리지 않을 때까지 거품기를 돌린다.
❸ 스푼으로 떠서 오븐팬에 놓고 130도에서 50분 정도 굽는다.
❹ 식힘망에 올려 한 김 식혀 밀폐용기에 보관한다.

♡ 얼갈이버섯죽

감기 예방에 좋아요.

재료(1~2회분)

- 불린 쌀 20g
- 얼갈이배추 15g
- 새송이버섯 10g
- 물 150ml

미리 준비하기

1. 쌀 불려놓기
2. 얼갈이배추 데쳐놓기

얼갈이는 배추의 뿌리 부분이 싱싱하고, 줄기의 흰 부분을 눌렀을 때 탄력 있는 것을 고르세요.

구입한 얼갈이는 신문지에 여러 겹 싸서 서늘한 곳에 밑둥이 아래로 오게 하면 오래 보관할 수 있어요.

1 깨끗이 씻은 쌀을 물에 불려 절구에 으깨고 얼갈이는 끓는 물에 데친다.
2 데친 얼갈이와 새송이버섯을 곱게 다진다.
3 쌀과 얼갈이를 넣고 달달 볶다가 익으면 분량의 물과 새송이버섯을 넣고 중불에서 끓인다.
4 3이 끓어오르면 약불로 줄여 15분 정도 더 끓인다.

엄마·아빠를 위한 이유식 재료 활용법
자투리 레시피

아삭한 맛이 일품인
얼갈이배추겉절이를 만들어 보세요.

얼갈이배추겉절이

① 얼갈이배추를 먹기 좋은 크기로 잘라 깨끗이 씻는다.
② 간장 1스푼, 멸치 또는 까나리액젓 1스푼, 고춧가루 1스푼, 설탕 1스푼, 다진 마늘 1/2스푼, 매실액 1스푼을 섞어 양념을 만든다.
③ 손질한 얼갈이배추에 양념을 넣고 버무린다.
④ 먹기 전에 통깨를 뿌린다.

★사과퓨레

★ 사과는 껍질을 벗기고 씨를 제거한 뒤 잘게 썰어 끓는 물에 삶는다.

★ 삶은 사과를 믹서에 간다.

★바나나퓨레

★ 잘 익은 바나나를 하나 준비한다.

★ 바나나에 분유 물을 섞어 믹서에 간다.

★배퓨레

★ 배는 껍질을 벗기고 씨를 제거한 뒤 잘게 썰어 끓는 물에 삶는다.

★ 삶은 배를 믹서에 간다.

이유식 초기, 중기에 먹는 우리 아기 간식 만들기

★고구마범벅★

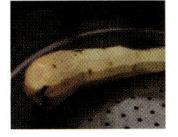 

★ 고구마는 껍질을 벗겨 찜통에 찐다.
★ 찐 고구마를 으깨 분유 물과 섞는다.

★감자범벅★

★ 감자는 껍질을 벗겨 찜통에 찐다.
★ 찐 감자를 으깨 분유 물과 섞는다.
플레인 요구르트에 섞거나 익혀서
다진 브로콜리를 뿌려 먹어도 좋다.

언제 시작할까요?

보통 중기 이유식을 시작한지 두 달이 지나면 후기 이유식을 진행합니다. 이제 아이가 웬만한 음식을 씹어 먹을 정도로 자랐으니 재료의 질감을 살린, 씹는 맛이 있는 이유식을 만들어 주세요. 진죽에서 된죽으로, 된죽에서 진밥으로 이유식을 진행하면 됩니다. 활동량이 부쩍 늘어난 아이들은 모유나 분유보다 이유식을 통해 더 많은 영양소를 흡수해야 합니다. 조금씩 먹는 양을 늘려주세요. 지금도 아이가 모유나 분유를 이유식보다 더 선호한다면 차츰 뗄 준비를 해야 합니다. 하루 세 번 규칙적으로 이유식을 먹이고, 그 사이 시간에 아이가 배고파하면 수유를 하지 말고 간식을 만들어 주세요. 그러나 아이의 컨디션에 따라 먹는 양이 달라질 수 있으니 먹는 양을 지나치게 걱정할 필요는 없습니다.

 ## 얼마나 먹일까요?

후기 이유식의 1회 적정 섭취량은 100~150ml입니다. 플레인 요구르트 한 통 정도의 분량이지요. 그러나 아이가 이만큼 먹지 못하는 경우에도 걱정하거나 채근하지는 마세요. 아이의 변 상태가 좋지 않거나 몸이 크게 아프지 않은 이상 조금 덜 먹는 것은 문제가 되지 않습니다. 각자 몸 상태에 따라 적정량이 다르니까요. 반대로 아무리 이유식을 잘 먹는다 해도 지나치게 많은 양을 먹이는 것은 삼가야 합니다. 위와 장에 부담을 줄뿐더러 소아비만이나 당뇨 같은 심각한 질환을 초래할 수 있기 때문입니다. 따라서 한 끼 식사로 최대 150ml를 먹이고, 더 먹고 싶어 한다면 오전 오후로 나누어 두 차례 간식을 먹이세요. 그러면서 차츰 분유나 모유 섭취량을 줄이면 됩니다.

 ## 혼자 먹는 습관을 길러주세요

엄마가 주는 이유식을 오물오물 받아먹는 아이를 볼 때만큼 행복한 시간이 있을까요? 이제 아이들은 이가 나고 혀를 자유롭게 사용할 수 있을 만큼 자랐습니다. 본격적으로 음식물을 씹는 연습을 시켜주세요. 알갱이가 느껴지는 음식을 이와 잇몸을 사용해 씹어서 섭취하는 행동이 두뇌 발달을 돕는답니다. 지금까지 아이들이 손가락으로 이유식을 집어먹었다면 이제는 숟가락을 사용해 이유식을 먹는 방법을 가르쳐 주세요. 아직은 사용법이 서툴러서 사방에 이유식을 흘리고, 먹는 속도도 엄마가 먹여줄 때보다 훨씬 더디겠지만 아이가 혼자 먹는 방법을 터득할 수 있게 인내심을 가지고 기다려 주세요. 방수 재질의 턱받이를 채우고, 아이가 잡기 편한 이유식 스푼을 마련해 주세요. 혼자 먹는 습관을 길러주어야 앞으로도 스스로 밥을 먹게 됩니다. 이유식을 다 먹은 후에는 유아용 칫솔로 치아를 관리해 주세요.

간이 된 음식은 금물이에요

아이가 어른이 먹는 음식에 관심을 보일 경우 '조금은 괜찮겠지' 하는 생각에 주기도 하는데 절대 해서는 안 될 행동입니다. 어른이 먹는 음식에는 간이 들어가기 때문입니다. 간이 된 음식을 맛본 아이들은 계속 더 강하게 간이 된 음식을 원합니다. 이럴 경우 제대로 이유식을 먹이기 어려우니 꼭 주의하세요. 또 어른이 먹는 과자, 사탕 등에 아이가 호기심을 보일 때에도 절대 먹여서는 안 됩니다. 과자나 사탕을 집에 두지 마세요. 꼭 먹고 싶다면 아이들이 보지 않는 곳에 숨겨두었다가 따로 드세요.

다양한 음식을 만들어 주세요

아이에게 하루 세 번 이유식을 먹인다는 게 생각처럼 쉬운 일은 아니지요. 재료 선정에서 준비, 손질과 뒤처리까지 여간 손이 많이 가는 게 아니니까요. 그렇지만 건강하게 자라는 아이를 위해 조금만 더 노력해 주세요. 매 끼마다 다른 이유식을 만드는 게 힘들다면 아침, 저녁에 같은 이유식을 먹이고 점심은 다른 이유식을 먹이는 것도 괜찮습니다. 주말이나 공휴일 등 시간이 넉넉할 때 이유식을 3~4회 분량으로 만들어 냉동 보관했다가 해동시켜 먹이세요. 새로운 음식을 섭취할 때 아이는 이유식 먹는 재미를 더 느낀답니다.

올바른 식사 습관을 만들어 주세요

활동량이 늘어나고 호기심이 많아진 아이들은 잠시도 가만있으려 하지 않고 자꾸 몸을 움직입니다. 그러나 식사 시간만큼은 아이들이 자리를 뜨지 못하게 습관을 들여야 합니다. 처음부터 이유식을 먹는 시간과 장소를 정하고, 그곳에서만 이유식을 먹이세요. 아이들이 이유식을 먹지 않고 장난을 치거나 자리를 떠나 돌아다닌다면 억지로 먹이려 하지 말고 이유식을 치워버려야 합니다. 텔레비전을 틀어주고 음식을 먹이지 마세요. 아이가 뒤늦게 배고파 할 경우 간식을 조금만 먹이세요. 간식으로 배가 부르면 이유식을 잘 먹지 않는 상황이 반복됩니다. 올바른 식사 습관을 길러주기 위해서는 부모도 노력해야 합니다. 식사 시간에 텔레비전을 시청하거나 신문을 읽거나 다른 일을 동시에 하는 것은 삼가 주세요. 모두 함께 밥상 앞에 앉아 음식을 먹는 모습을 보며 아이 또한 자연스레 식사 예절을 배우게 됩니다.

아이가 이유식을 삼키지 않고 입에 물고만 있다면 뱉게 해야 합니다. 오래 물고 있을 경우 충치가 생기거나 숨이 막힐 위험이 있습니다.

고구마두부죽

재료(1~2회분)
- 불린 쌀 20g
- 찐 고구마 20g
- 두부 10g
- 물 120ml

미리 준비하기
1. 쌀 불려놓기
2. 고구마 쪄놓기
3. 두부 으깨서 물기 빼기

달달한 고구마는 변비를 해결해 주고, 고소한 두부는 단백질을 보충해 주는 영양 만점 이유식이에요.

1. 깨끗이 씻은 쌀을 물에 불려 절구에 으깬다.
2. 고구마는 찜통에 쪄서 으깨고 두부도 으깬 뒤 물기를 뺀다.
3. 팬에 쌀과 두부를 넣고 볶는다.
4. 쌀과 두부가 익으면 물과 고구마를 넣고 약불에서 뭉근하게 끓인다.

엄마·아빠를 위한 이유식 재료 활용법
자투리 레시피

달콤한 맛이 입 안에 사르르 퍼지는 고구마스프를 만들어 보세요.

고구마스프

❶ 고구마를 찐다.
❷ 찐 고구마를 적당한 크기로 썰어서 우유와 함께 믹서에 간다.
❸ ❷의 재료를 냄비에 넣고 끓인다.
❹ 완성된 스프 위에 견과류를 뿌려 먹어도 맛있다.

치즈야채죽

재료(1~2회분)

- 불린 쌀 20g
- 아기용 치즈 1/2장
- 당근 10g
- 애호박 10g
- 물 120ml

미리 준비하기

1. 쌀 불려놓기

색소가 들어가지 않은 아기용 치즈를 사용하세요.

알레르기나 아토피가 있는 아이라면 치즈는 돌 이후에 먹이는 게 좋아요.

1. 깨끗이 씻은 쌀을 물에 불려 절구에 으깬다.
2. 당근은 잘게 다지고, 애호박은 껍질을 벗기고 씨를 뺀 뒤 잘게 다진다.
3. 냄비에 물과 쌀, 2의 재료들을 넣고 중불에서 보글보글 끓인다.
4. 3이 끓어오르면 약불로 줄여 15분 정도 더 끓이다가 치즈를 넣어 마무리한다.

> 고소한 맛이 일품!
> 간단하게 치즈전을 만들어 보아요.

치즈전

① 치즈를 먹기 좋은 크기로 자른다.
② 180도 오븐에서 3~5분 정도 굽는다.
③ 오븐에서 꺼내 식히면 바삭하면서도 고소한 치즈전이 완성된다.

연어배추무른밥

재료(1~2회분)
- 불린 쌀 20g
- 연어 15g
- 배추 10g
- 물 120ml

미리 준비하기
1. 쌀 불려놓기

연어는 단백질과 비타민, 칼슘, 오메가 3 등을 함유한 영양소가 아주 풍부한 생선이에요. 그러나 비린내가 날 수 있으니 냉동해서 먹이지 마세요.

1. 깨끗이 씻은 쌀을 물에 불린다.
2. 연어와 배추는 찜통에 쪄서 잘게 다진다.
3. 팬에 쌀과 연어, 배추를 넣고 강불에서 끓인다.
4. 바글바글 끓어오르면 약불로 줄여 10분 정도 더 끓인다.

엄마·아빠를 위한, 이유식 재료 활용법
자투리 레시피

다크서클을 없애주는
연어덮밥을 만들어 볼까요?

연어덮밥

① 연어는 길게 자른다.
② 밥공기 안에 길게 자른 연어를 꼼꼼하게 채운다.
③ 야채를 넣고 버무린 밥을 밥공기에 넣고 랩으로 둥글게 싸서 모양을 고정한다.
④ 랩을 벗긴 뒤 고추냉이와 간장에 찍어먹는다.

들깨죽

재료(1~2회분)
- 불린 쌀 20g
- 들깨 15g
- 표고버섯 10g
- 물 120ml

미리 준비하기
1. 쌀 불려놓기

   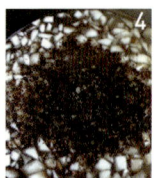

1. 깨끗이 씻은 쌀을 물에 불려 절구에 으깬다.
2. 팽이는 잘게 다지고 들깨는 곱게 간다.
3. 으깬 쌀과 다진 팽이버섯을 냄비에 넣고 볶다가 익으면 물을 붓고 들깨를 넣어 강불에서 끓인다.
4. 재료가 한소끔 끓어오르면 약불로 줄여 15분 정도 더 끓인다.

고소한 맛이 일품인 들깨는 비타민 E·F가 풍부하고, 조혈 작용이 뛰어난 건강식품이에요. 그러나 알레르기가 있는 아이는 돌이 지난 후부터 먹는 게 좋아요.

엄마·아빠를 위한 이유식 재료 활용법
자투리 레시피

고운 피부를 만들어 주는
버섯들깨전을 만들어 볼까요?

버섯들깨전

❶ 새송이버섯을 길게 썰어 데친 뒤 물기를 제거한다.
❷ 들깨는 물을 조금 넣고 곱게 갈아 부침가루와 섞는다.
❸ 새송이버섯을 ❷의 반죽에 묻혀 달군 팬에 부친다.
❹ 초간장에 찍어 먹는다.

후기 이유식

♥ 노른자영양죽

재료(1~2회분)
- 불린 쌀 20g
- 노른자 1개
- 표고버섯 5g
- 양파 5g
- 당근 5g
- 야채 육수 120ml

미리 준비하기
1. 쌀 불려놓기

1. 깨끗이 씻은 쌀을 물에 불린다.
2. 표고버섯과 양파, 당근을 곱게 다진다.
3. 쌀과 2의 야채를 냄비에 넣고 달달 볶다가 투명해지면 물을 넣고 강불에서 끓인다.
4. 3이 끓어오르면 약불로 줄인 뒤에 계란노른자를 넣고 15분 정도 더 끓인다.

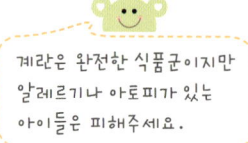

계란은 완전한 식품군이지만 알레르기나 아토피가 있는 아이들은 피해주세요.

엄마·아빠를 위한 이유식 재료 활용법
자투리 레시피

> 노른자영양죽을 만들고 남은 흰자로
> 아몬드쿠키를 만들어 보세요.

아몬드쿠키

❶ 3개 분량의 흰자에 설탕을 섞어 머랭을 만든다.
❷ 머랭에 아몬드 가루 5스푼을 넣고 섞는다.
❸ 오븐팬에 반죽을 올리고 170도에서 15~17분 정도 굽는다.
❹ 한 김 식혀 먹는다.

♡ 닭안심양파무른밥

재료(1~2회분)
- 불린 쌀 20g
- 닭안심 15g
- 양파 10g
- 물 120ml

미리 준비하기
1. 쌀 불려놓기
2. 닭안심 익혀놓기

1. 깨끗이 씻은 쌀을 물에 불린다.
2. 익힌 닭안심과 손질한 양파를 작게 썬다.
3. 냄비에 쌀과 닭안심, 양파를 넣고 볶는다.
4. 쌀이 투명해지면 물을 넣고 약불에서 끓인다.

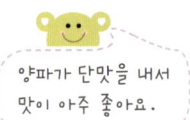
양파가 단맛을 내서 맛이 아주 좋아요.

원기 회복을 돕는 양파찜을 만들어 보세요.

양파찜

❶ 양파는 껍질을 벗기고 안을 파낸다.
❷ 파낸 양파를 잘게 썰어 닭안심과 함께 데리야끼 소스에 버무린다.
❸ ❶의 양파에 ❷의 재료를 넣고 찜통에서 양파가 흐물흐물해질 때까지 20~30분 정도 찐다.
❹ 피로 회복에 좋은 양파찜이 완성된다.

검은콩닭죽

재료(1~2회분)

- 불린 쌀 20g
- 검은콩 10g
- 닭가슴살 10g
- 물 120ml

미리 준비하기

1. 쌀 불려놓기
2. 검은콩 불려서 껍질 벗겨놓기
3. 닭가슴살 익혀놓기

1. 쌀과 검은콩은 깨끗이 씻어 물에 불린 뒤 절구에 빻는다.
2. 익힌 닭가슴살을 잘게 썬다.
3. 팬에 ①과 ②의 재료를 넣고 볶는다.
4. 쌀이 익으면 물을 넣고 약불에서 뭉근하게 끓인다.

검은콩은 하룻밤 물에 푹 불린 뒤 껍질을 벗겨 삶아 믹서에 갈거나 절구에 빻아주세요.

맛과 영양을 책임지는
검은콩셰이크를 만들어 볼까요?

검은콩셰이크

① 물에 불린 검은콩 3스푼을 푹 삶는다.
② 삶은 검은콩에 우유를 넣고 믹서에 간다.
③ 기호에 따라 시럽 등을 넣어 마신다.

♡ 연어브로콜리죽

재료(1~2회분)
- 불린 쌀 20g
- 연어 15g
- 브로콜리 10g
- 물 120ml

미리 준비하기
1. 쌀 불려놓기
2. 브로콜리 데쳐놓기

1. 깨끗이 씻은 쌀을 물에 불린다.
2. 연어는 잘게 썰고, 데친 브로콜리는 꽃송이 부분만 잘게 다진다.
3. 팬에 쌀과 연어를 넣고 볶는다.
4. 쌀이 익으면 브로콜리와 물을 넣고 뭉근하게 끓인다.

브로콜리는 꽃송이가 빽빽한 것으로 고르세요.

자투리 레시피

오메가 3와 비타민이 듬뿍!
연어브로콜리샐러드를 만들어 볼까요?

연어브로콜리샐러드

❶ 연어와 브로콜리를 먹기 좋은 크기로 손질한다.
❷ 간장 1스푼, 포도씨유 3스푼, 설탕 1스푼, 2배식초 1과 1/2스푼을 넣고 섞는다.
❸ ❶의 재료에 ❷를 넣고 잘 섞는다.
❹ 새콤한 맛이 입맛을 돋우는 연어브로콜리샐러드가 완성된다.

♡ 파프리카감자죽

재료(1~2회분)

- 불린 쌀 20g
- 파프리카 10g
- 감자 10g
- 물 120ml

미리 준비하기

1. 쌀 불려놓기
2. 감자 쪄놓기

파프리카는 물기가 있으면 상하기 쉬워요. 이유식을 만들고 남은 파프리카는 물기를 잘 닦아 밀폐용기에 넣어 냉장 보관하세요.

파프리카는 향이 강하니 육수나 물에 한 번 데치거나 볶아서 사용하세요.

  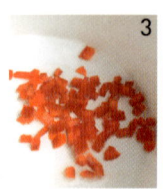 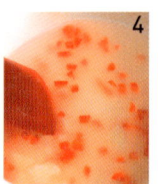

1. 깨끗이 씻은 쌀을 물에 불려 절구에 으깬다.
2. 감자는 쪄서 으깨고 파프리카는 잘게 다진다.
3. 팬에 다진 파프리카를 넣고 볶는다.
4. 파프리카가 익으면 쌀과 감자, 물을 넣고 강불에서 바글바글 끓이다가 약불에서 뭉근하게 익힌다.

엄마·아빠를 위한 이유식 재료 활용법
자투리 레시피

알록달록, 아삭아삭! 오늘 저녁 반찬은 맛있는 파프리카감자채볶음이 어떨까요?

파프리카감자채볶음

① 달군 팬에 포도씨유 1스푼, 다진 마늘 1/2스푼을 넣고 볶는다.
② 마늘이 익으면 채 썬 파프리카와 감자를 넣고 굴소스와 후춧가루를 넣어 볶는다.
③ 파프리카와 감자가 다 익으면 참기름을 넣는다.
④ 맛도 좋고 향도 좋은 파프리카감자채볶음이 완성된다.

♡ 쇠고기버섯미역죽

재료(1~2회분)
- 불린 쌀 20g
- 쇠고기 15g
- 미역 5g
- 새송이버섯 5g
- 쇠고기 육수 120ml

미리 준비하기
1. 쌀 불려놓기
2. 미역 불려놓기

미역은 겉에 묻은 하얀 염분기를 닦아내고 물에 오랫동안 담갔다 씻어 사용하세요.

1. 깨끗이 씻은 쌀을 물에 불린다.
2. 쇠고기와 불린 미역, 새송이버섯을 잘게 다진다.
3. 냄비에 2의 재료와 불린 쌀을 넣고 중불에서 볶는다.
4. 쇠고기 표면이 익으면 물을 넣고 약불에서 뭉근하게 끓인다.

칼슘이 가득한 미역국을 끓여 보세요.

미역국

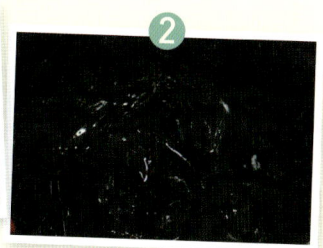

① 미역을 물에 불린 다음 참기름을 넣고 볶는다.
② 볶은 미역에 물을 붓고 국간장 1~2스푼과 소금으로 간을 맞춘다.
③ 취향에 따라 홍합이나 고기 등을 넣고 끓인다.

♡ 콩나물표고버섯무른밥

재료(1~2회분)
- 불린 쌀 20g
- 콩나물 10g
- 표고버섯 5g
- 물 120ml

미리 준비하기
1. 쌀 불려놓기
2. 콩나물 손질해서 삶아놓기

콩나물에는 섬유질이 많이 들어 있어요. 아이들이 먹기 편하도록 최대한 잘게 다져주세요.

콩나물 대신 숙주나물을 사용해도 좋아요.

1. 깨끗이 씻은 쌀을 물에 불린다.
2. 콩나물은 머리와 꼬리를 떼고 삶아서 잘게 다지고, 표고버섯도 잘게 다진다.
3. 냄비에 쌀과 콩나물, 표고버섯, 물을 넣고 강불에서 끓인다.
4. 바글바글 끓어오르면 약불로 줄여 15분 정도 더 끓인다.

엄마·아빠를 위한 이유식 재료 활용법
자투리 레시피

한 끼 밥상이 뚝딱!
콩나물밥을 만들어 볼까요?

콩나물밥

① 쌀을 씻어 물에 불린다.
② 콩나물은 깨끗이 씻어 손질한다.
③ 쌀과 손질한 콩나물을 솥에 넣고 물을 1:1 비율로 넣어 밥을 짓는다.
④ 양념장을 만들어 비벼먹는다.

연어아욱무른밥

재료(1~2회분)
- 불린 쌀 20g
- 연어 15g
- 아욱 5g
- 물 120ml

미리 준비하기
1. 쌀 불려놓기
2. 아욱 데쳐놓기

연근은 모양이 길고 굵으며 잘랐을 때 속이 희고 부드러운 게 좋아요. 많이 먹으면 변비를 유발해요.

아욱은 섬유질이 풍부해 변비 걸린 아이들의 장운동을 도와준답니다.

1. 깨끗이 씻은 쌀을 물에 불린다.
2. 연어는 잘게 다지고 아욱은 잎 부분만 데쳐서 다진다.
3. 쌀과 ❷의 재료를 넣고 중불에서 볶는다.
4. 쌀이 어느 정도 뭉치면 물을 넣고 약불로 끓인다.

엄마·아빠를 위한 이유식 재료 활용법
자투리 레시피

구수한 아욱된장국에
뜨끈한 밥 한 그릇 어떠세요?

아욱된장국

① 아욱은 흐르는 물에 깨끗이 씻는다.
② 쌀뜨물에 된장 2스푼을 넣고 끓인다.
③ 애호박, 양파 등의 야채와 손질한 아욱을 넣고 끓인다.
④ 그릇에 담아 내간다.

♡ 쇠고기연근무른밥

재료(1~2회분)
- 불린 쌀 20g
- 쇠고기 10g
- 연근 10g
- 물 120ml

미리 준비하기
1. 쌀 불려놓기

연근은 모양이 길고 굵으며 잘랐을 때 속이 희고 부드러운 게 좋아요. 많이 먹으면 변비를 유발해요.

연근은 먼저 식초물에 담가 쓴맛을 없앤 후 사용하세요. 잘게 다져주어야 아이들이 소화하기 좋아요.

1. 깨끗이 씻은 쌀을 물에 불린다.
2. 쇠고기와 연근을 잘게 다진다.
3. 쌀과 쇠고기, 연근을 볶는다.
4. 3이 익으면 물을 넣고 강불에서 한소끔 끓인 후 약불로 줄여 뭉근하게 익힌다.

엄마·아빠를 위한 이유식 재료 활용법
자투리 레시피

비타민 C가 풍부한
연근조림을 만들어 보세요.

연근조림

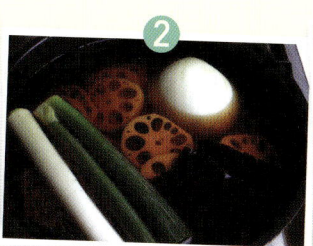

① 연근은 껍질을 벗기고 얇게 썰어 식초물에 담가 쓴맛을 없앤다.
② 끓는 물에 연근, 양파, 대파, 다시마, 저염간장을 넣고 졸인다.
③ 아가베시럽을 넣어 간을 맞춘다.
④ 깨를 뿌리면 연근조림이 완성된다.

들깨야채무른밥

재료(1~2회분)
- 불린 쌀 20g
- 들깨 10g
- 감자 10g
- 표고버섯 5g
- 물 120ml

미리 준비하기
1. 쌀 불려놓기
2. 감자 쪄놓기

아이들이 먹기엔 들깨 입자가 거칠어요.
들깨를 갈아 국물을 내서 사용하세요.

1. 깨끗이 씻은 쌀을 물에 불린다.
2. 들깨는 물을 넣어 곱게 갈고 체에 받쳐 건더기를 걸러낸다.
3. 잘게 다진 감자와 표고버섯, 쌀을 넣고 볶는다.
4. ③이 익으면 들깨국물을 넣고 뭉근하게 끓인다.

엄마·아빠를 위한 이유식 재료 활용법
자투리 레시피

만들기 쉽고 맛도 좋은
감자표고버섯볶음밥을 만들어 보세요.

감자표고버섯볶음밥

① 감자와 표고버섯을 잘게 다진다.
② 달군 팬에 포도씨유를 두르고 감자와 표고버섯을 볶는다.
③ 감자가 익으면 밥을 넣고 굴소스와 참기름, 통깨, 후춧가루를 넣고 볶는다.
④ 감자표고버섯볶음밥이 완성된다.

흑미두부무른밥

재료(1~2회분)
- 불린 쌀 10g
- 흑미 5g
- 두부 5g
- 물 120ml

미리 준비하기
1. 쌀과 흑미 불려놓기
2. 두부 으깨서 물기 빼기

  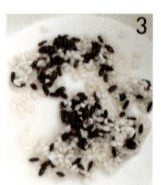 

1. 깨끗이 씻은 쌀과 흑미를 물에 불린다.
2. 두부는 으깬 뒤에 물기를 뺀다.
3. 흑미와 쌀을 넣고 달달 볶는다.
4. ❸이 익으면 두부와 물을 넣고 강불에서 한소끔 끓인 후 약불로 줄여 익힌다.

> 흑미가 고소한 맛을 돋우는 이유식이에요. 흑미는 쌀보다 3배 정도 오래 불려서 사용하세요.

속이 든든해지는
두부계란찜을 만들어 보세요.

두부계란찜

① 두부는 으깬 뒤에 물기를 뺀다.
② 계란에 두부를 넣고 잘 섞은 다음 소금을 살짝 친다.
③ 뚝배기에 ①와 물을 1:1의 비율로 넣고 끓인다.
④ 고소하고 부드러운 두부계란찜이 완성된다.

♡ 닭가슴살사과무른밥

재료(1~2회분)
- 불린 쌀 20g
- 닭가슴살 15g
- 사과 10g
- 물 120ml

미리 준비하기
1. 쌀 불려놓기
2. 닭가슴살 익혀놓기

1. 깨끗이 씻은 쌀을 물에 불린다.
2. 사과, 닭가슴살을 절구에 넣고 빻는다.
3. 달군 팬에 1과 2의 재료들을 넣고 중불에서 볶는다.
4. 재료들이 익으면 물을 넣고 약불에서 끓인다.

익힌 사과는 변비를 유발할 수 있으니 한꺼번에 너무 많이 먹이지 마세요.

엄마·아빠를 위한 이유식 재료 활용법
자투리 레시피

새콤한 사과향이 매력적인
닭가슴살사과샐러드를 만들어 볼까요?

닭가슴살사과샐러드

1. 닭가슴살을 저며 소금, 후춧가루로 밑간을 한다.
2. 사과는 채를 썬다.
3. 사과 1/2개, 포도씨유 2스푼, 2배식초 1스푼, 설탕 2스푼을 넣고 믹서에 갈아 샐러드드레싱을 만든다.
4. 사과와 구운 닭가슴살을 접시에 올리고 샐러드드레싱을 곁들인다.

후기 이유식

연두부파무른밥

재료(1~2회분)

- 불린 쌀 20g
- 연두부 15g
- 실파 5g
- 물 120ml

미리 준비하기

1. 쌀 불려놓기

1. 깨끗이 씻은 쌀을 물에 불린다.
2. 연두부는 으깨고, 파는 잘게 다진다.
3. 쌀과 물을 넣고 끓인다.
4. 쌀이 익으면 연두두와 파를 넣고 약불로 줄여서 끓인다.

연두부는 두부보다 특유의 향이 적고 부드러워 아이들이 잘 먹어요.

> 부드럽게 넘어가는 연두부계란찜을 만들어 볼까요?

연두부계란찜

① 계란을 곱게 풀고, 계란과 동량의 물이나 육수를 넣는다.
② 소금간을 살짝 한 뒤 연두부를 퍼서 넣는다.
③ 김이 오르는 찜통에 넣고 10분 정도 찐다.
④ 부드러운 계란찜이 완성된다.

쇠고기야채무른밥

재료(1~2회분)
- 불린 쌀 20g
- 쇠고기 15g
- 무 10g
- 아욱 5g
- 물 120ml

미리 준비하기
1. 쌀 불려놓기
2. 아욱 데쳐놓기

1. 깨끗이 씻은 쌀을 물에 불리고 아욱은 뜨거운 물에 데친다.
2. 쇠고기, 무, 데친 아욱을 잘게 다진다.
3. 달군 팬에 1과 2의 재료들을 넣고 중불에서 볶는다.
4. 쇠고기 표면이 갈색으로 변하면 물을 붓고 약불로 줄여 쌀이 익도록 뭉근하게 끓인다.

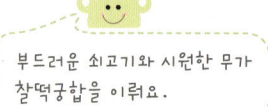

부드러운 쇠고기와 시원한 무가 찰떡궁합을 이뤄요.

엄마·아빠를 위한 이유식 재료 활용법
자투리 레시피

> 언제 먹어도 맛있는
> 쇠고기무국을 끓여 보세요.

쇠고기무국

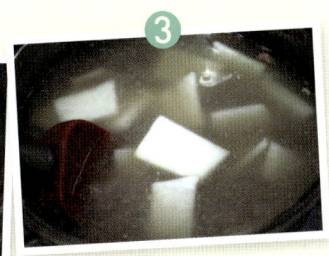

① 쇠고기와 무를 먹기 좋은 크기로 썰어 참기름 1스푼, 국간장 1스푼, 다진 마늘 1스푼을 넣고 재워놓는다.
② 재워놓은 쇠고기와 무를 팬에 넣고 달달 볶는다.
③ 쇠고기의 겉면이 갈색이 되면 물을 붓는다.
④ 국간장으로 간을 맞추고 팔팔 끓이다가 파를 넣고 완성한다.

야채잡곡밥

재료(1~2회분)
- 불린 쌀 10g
- 현미 10g
- 감자 10g
- 애호박 5g
- 물 120ml

미리 준비하기
1. 쌀 불려놓기
2. 감자 쪄놓기

1. 깨끗이 씻은 쌀과 현미를 물에 불린다.
2. 감자는 쪄서 으깨고, 애호박은 껍질을 벗기고 씨를 뺀 뒤 잘게 썬다.
3. 쌀과 현미를 물에 넣고 중불에서 끓인다.
4. 한소끔 끓어오르면 감자와 애호박을 넣고 약불로 줄여 쌀이 익을 때까지 끓인다.

> 바삭하고 고소한
> 감자튀김을 만들어 볼까요?

감자튀김

① 이유식을 만들고 남은 감자를 굵게 채 썬다.
② 손질한 감자를 찬물에 담가 전분기를 뺀다.
③ 감자의 물기를 닦고 소금을 살짝 뿌려 포도씨유에서 재빠르게 튀긴다.
④ 케첩을 곁들여 먹는다.

숙주버섯무른밥

재료(1~2회분)

▫ 불린 쌀 20g
▫ 표고버섯 5g
▫ 새송이버섯 5g
▫ 숙주 10g
▫ 물 120ml

미리 준비하기

1. 쌀 불려놓기

1. 깨끗이 씻은 쌀을 물에 불린다.
2. 표고버섯, 새송이버섯, 숙주를 잘게 다진다.
3. 팬에 물과 쌀, 버섯, 숙주를 넣고 끓인다.
4. 한소끔 끓어오르면 약불로 줄여서 버섯과 쌀이 익을 때까지 끓인다.

숙주는 콩나물보다 부드러워서 아이들이 소화하기 쉬워요.

아삭한 맛이 일품인
초간단 숙주나물을 만들어 보세요.

숙주나물

① 숙주는 꼬리를 떼어내고 끓는 소금물에 삶는다.
② 삶은 숙주는 채반에 올리거나 꼭 짜서 물기를 뺀다.
③ 다진 마늘, 소금, 참기름, 통깨를 넣어 버무린다.
④ 밥반찬으로도 좋지만 제사나 명절 나물로도 안성맞춤인 숙주나물이 완성된다.

흑미버섯밥

맛도 영양도 훌륭해요.

재료(1~2회분)

- 불린 쌀 10g
- 흑미 10g
- 새송이버섯 15g
- 물 120ml

미리 준비하기

1. 쌀과 흑미 불려놓기

1. 깨끗이 씻은 쌀과 흑미를 물에 불린다.
2. 새송이버섯은 잘게 다진다.
3. 냄비에 쌀과 흑미를 넣고 볶는다.
4. 쌀과 흑미가 익으면 새송이버섯을 넣고 끓인다.

엄마·아빠를 위한 이유식 재료 활용법
자투리 레시피

영양 만점! 쫄깃쫄깃한 새송이버섯전을 만들어 보세요.

새송이버섯전

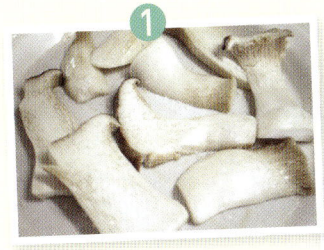
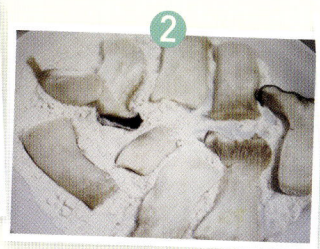

① 새송이버섯은 길게 자르고 소금에 살짝 절인다.
② 흐르는 물에 새송이버섯을 씻고 물기를 짠 다음 밀가루를 고루 묻힌다.
③ 계란을 푼 물에 새송이버섯을 담근 뒤 팬에 앞뒤로 노릇하게 부친다.
④ 쫄깃한 새송이버섯전이 완성된다.

김노른자무른밥

재료(1~2회분)
- 불린 쌀 20g
- 노른자 1개
- 파래김 1장
- 물 120ml

미리 준비하기
1. 쌀 불려놓기

이유식은 간을 하지 않는 게 원칙이에요. 그러니 김은 소금간이 안 된 파래김을 사용하세요.

1. 깨끗이 씻은 쌀을 물에 불린다.
2. 파래김은 구워 잘게 부수고, 계란은 노른자와 흰자를 분리한다.
3. 팬에 쌀을 넣고 볶는다.
4. 물과 김을 넣고 마지막으로 노른자를 넣어 익을 때까지 젓는다.

> 간단하게 만들 수 있는 밑반찬, 김무침을 만들어 보세요.

김무침

① 파래김을 구워 비닐봉지에 넣고 잘게 부순다.
② 간장 1스푼, 요리당 1스푼, 후춧가루, 참기름, 통깨를 넣어 버무린다.
③ 간단하게 김무침이 완성된다.

광어감자밥

재료(1~2회분)
- 불린 쌀 20g
- 감자 10g
- 광어 20g
- 물 120ml

미리 준비하기
1. 쌀 불려놓기

광어 외에도 대구, 생태, 도미 등 흰살 생선을 이용해 만들어 주세요.

가시와 껍질을 꼼꼼하게 분리해서 살만 사용하세요.

1. 깨끗이 씻은 쌀을 물에 불린다.
2. 도톰하게 썬 감자 위에 광어를 올리고 찜통에 찐 뒤 으깬다.
3. 냄비에 분량의 물과 쌀을 넣고 끓인다.
4. 한소끔 끓어오르면 광어와 감자를 넣고 뭉근하게 끓인다.

> 밥을 지을 때 감자를 함께 넣어보세요.
> 맛있는 감자밥이 만들어져요.

감자밥

① 깨끗이 씻은 쌀을 물에 불린다.
② 감자를 썰어 물에 담근 뒤 전분기를 제거한다.
③ 쌀과 감자를 넣고 동량의 물을 넣어 밥을 짓는다.
④ 맛과 향이 일품인 고소한 감자밥이 완성된다.

♥ 배추잡곡밥

재료(1~2회분)
- 불린 쌀 10g
- 잡곡 5g
- 배춧잎 10g
- 물 120ml

미리 준비하기
1. 잡곡 불려놓기
2. 배추 데쳐놓기

현미, 보리, 흑미, 수수 등 다양한 잡곡을 넣어 만들 수 있는 이유식이에요. 보리나 수수는 알레르기 반응이 나타날 수 있으니 아이들이 먹어보고 괜찮았던 잡곡들을 섞어 만들어 주세요.

1. 깨끗이 씻은 쌀과 잡곡을 물에 불린다.
2. 배추는 잎 부분만 데쳐 물기를 빼고 잘게 다진다.
3. 불린 쌀과 잡곡, 분량의 물을 넣고 중불에서 볶는다.
4. 쌀과 잡곡이 익으면 배추를 넣고 약불에서 끓인다.

비 오는 날의 별미! 배추전을 만들어 보세요.

배추전

① 배추를 소금에 절인다.
② 배추의 억센 부분이 휘어지면 흐르는 물에 깨끗이 씻는다.
③ 물에 풀어 반죽한 부침가루를 배추에 묻혀 팬에 부친다.
④ 초간장을 찍어 먹는다.

감자애호박무른밥

재료(1~2회분)
- 불린 쌀 20g
- 감자 20g
- 애호박 10g
- 다시마 육수 120ml

미리 준비하기
1. 쌀 불려놓기

감자와 애호박은 구하기 쉬운 재료이면서도 이유식을 만들면 맛과 색감이 뛰어나 아이들이 무척 좋아해요.

1. 깨끗이 씻은 쌀을 물에 불린다.
2. 감자는 껍질을 벗겨 잘게 다지고 애호박도 껍질을 벗기고 씨를 뺀 뒤 잘게 다진다.
3. 달군 팬에 감자와 애호박을 먼저 볶는다.
4. 감자와 애호박이 익으면 쌀과 물을 넣고 끓인다.

엄마·아빠를 위한 이유식 재료 활용법
자투리 레시피

> 손님 초대 음식으로 안성맞춤인
> 애호박보트를 만들어 볼까요?

애호박보트

① 애호박을 반으로 잘라 속을 파낸다.
② 칵테일 새우 10마리와 양파 1/3개를 곱게 다지고 전분가루 1/2스푼, 소금 1/2티스푼, 후춧가루 1/3티스푼, 참기름 1티스푼을 넣어 잘 섞는다.
③ 애호박 안에 ②를 넣고 김이 오른 찜통에 넣어 애호박이 익을 정도로만 찐다.
④ 색감이 예뻐서 손님 초대 음식으로도 안성맞춤인 애호박보트가 완성된다.

닭타락죽

재료(1~2회분)
- 불린 쌀 20g
- 닭가슴살 20g
- 분유 물 120ml

미리 준비하기
1. 쌀 불려놓기
2. 닭가슴살 익혀놓기

타락죽은 우유를 이용해 만드는 죽이지만 돌 이전의 아이들이 먹을 이유식을 만들 때는 분유 물로 만들어 주세요.

1. 깨끗이 씻은 쌀을 물에 불린다.
2. 익힌 닭가슴살은 잘게 다지고 분유는 물에 타서 분유 물을 만든다.
3. 달군 팬에 쌀과 물 1~2스푼을 넣고 중불에서 볶는다.
4. 쌀이 익으면 닭가슴살과 분유 물을 넣고 끓인다.

엄마·아빠를 위한 이유식 재료 활용법
자투리 레시피

고소하고 부드러운
닭가슴살우유찜을 만들어 볼까요?

닭가슴살우유찜

① 닭가슴살 한덩어리(약 100~150g)에 소금 1티스푼, 후춧가루 1/2티스푼, 참기름 1티스푼을 넣어 밑간을 한다.
② 밑간이 된 닭가슴살과 양파 1/3개, 다진 마늘 1스푼에 포도씨유 1스푼를 넣고 볶는다.
③ 닭가슴살이 익으면 물과 우유를 동일한 분량으로 넣어 걸쭉하게 만든다.
④ 밥에 부어 먹으면 맛있는 닭가슴살우유찜이 완성된다.

단호박찹쌀죽

재료(1~2회분)
□ 찹쌀 20g
□ 단호박 20g
□ 물 120ml

미리 준비하기
1. 찹쌀 불려놓기
2. 단호박 쪄놓기

1 깨끗이 씻은 찹쌀을 물에 불려 절구에 으깬다.
2 찐 단호박을 곱게 으깬다.
3 2에 물을 넣고 끓인다.
4 3이 끓어오르면 찹쌀을 넣고 끓인다.

> 아이도 어른도 모두 좋아하는 달콤한 단호박!
> 이유식을 만들고 남은 재료로
> 달달한 단호박죽을 만들어 보세요.

단호박죽

❶ 찹쌀은 물에 불려 믹서에 갈고, 단호박은 쪄서 으깬다.
❷ 으깬 단호박을 믹서에 넣고 물과 함께 간다.
❸ ❷를 끓이다가 ❶의 찹쌀가루를 넣고 소금과 설탕으로 간을 한다.
❹ 한 끼 식사로 그만인 단호박죽이 완성된다.

현미애호박무른밥

재료(1~2회분)
- 불린 쌀 10g
- 현미 10g
- 애호박 15g
- 물 120ml

미리 준비하기
1. 쌀 불려놓기

애호박 대신 당근이나 감자 등 다른 야채들을 사용해도 좋아요.

1. 쌀과 현미를 깨끗이 씻어 물에 불린다.
2. 애호박은 껍질을 벗기고 씨를 뺀 뒤 잘게 썬다.
3. 쌀과 현미, 애호박을 넣고 볶는다.
4. 재료가 익으면 분량의 물을 붓고 뭉근하게 끓인다.

엄마·아빠를 위한 이유식 재료 활용법
자투리 레시피

> 손쉽고 간단한 요리!
> 애호박전을 만들어 볼까요?

애호박전

❶ 애호박을 0.5cm 두께로 썰어 소금에 살짝 절인다.
❷ 흐르는 물에 소금을 씻어준 뒤 물기를 제거한다.
❸ 애호박에 밀가루, 계란옷을 입혀 노릇노릇하게 지진다.
❹ 맛있는 애호박전이 완성된다.

미역무른밥

변비에 특효약!

재료(1~2회분)
- 불린 쌀 20g
- 미역 10g
- 당근 5g
- 야채 육수 120ml

미리 준비하기
1. 쌀 불려놓기

미역 대신 파래를 이용해도 좋아요.

물에 불린 후 잘게 다져서 사용하세요.

1. 깨끗이 씻은 쌀을 물에 불린다.
2. 미역은 잎 부분만 찬물에 불린 다음 깨끗이 씻어 염분기를 제거하고 당근과 함께 잘게 다진다.
3. 야채 육수에 쌀과 미역, 당근을 넣고 끓인다.
4. 한소끔 끓어오르면 약불로 줄여 쌀이 퍼지도록 끓인다.

> 식욕을 돋우는 새콤달콤한
> 미역초무침을 만들어 보세요.

미역초무침

① 미역은 찬물에 불려 씻은 뒤 잘게 자르고 당근은 채를 썬다.
② 고추장 1스푼, 고춧가루 1스푼, 간장 2스푼, 2배식초 1스푼, 요리당 1스푼, 후춧가루를 조금 넣어 양념장을 만든다.
③ ①의 재료에 양념장을 넣어 버무린다.
④ 미역의 바다 내음과 새콤달콤한 양념장이 잘 어울리는 미역초무침이 완성된다.

연두부아욱밥

재료(1~2회분)
- 불린 쌀 20g
- 연두부 15g
- 아욱 5g
- 물 120ml

미리 준비하기
1. 쌀 불려놓기

1. 깨끗이 씻은 쌀을 물에 불린다.
2. 연두부는 으깨고 아욱은 잎 부분만 데쳐서 잘게 다진다.
3. 분량의 물에 쌀과 연두부, 아욱을 넣고 끓인다.
4. 한소끔 끓어오르면 약불로 줄여서 뭉근하게 끓인다.

> 연두부 대신 두부, 아욱 대신 근대를 이용해 만들어도 좋아요!

엄마·아빠를 위한 이유식 재료 활용법
자투리 레시피

얼큰한 연두부찌개를 만들어 보세요.

연두부찌개

① 멸치 육수에 된장 1스푼, 고추장 1/2스푼을 넣고 끓인다.
② 양파, 애호박 등을 넣는다.
③ 채 썬 연두부를 넣고 소금으로 간을 맞춘다.
④ 부드럽게 넘어가는 연두부찌개가 완성된다.

소아청소년과 전문의가 들려주는
알레르기를 유발하는 음식들

알레르기를 유발하는 음식은

크게 '실제 의심되는 군群'과 '고위험군'으로 나누어 볼 수 있습니다. 실제 의심되는 군은 아이가 특정 음식물을 먹고 구토나 설사, 재채기, 두드러기 등의 반응이 나타나는 경우를 말합니다. 고위험군은 엄마나 아빠, 다른 형제나 자매가 천식, 비염, 아토피피부염 등 알레르기질환을 앓는 경우를 말합니다. 따라서 이 두 가지 유형에 해당되는 아이들은 식품 섭취에 특별한 주의를 기울여야 합니다.

쌀, 찹쌀은 이유식에 별 무리 없이 사용이 가능하지만 현미와 보리는 소화 흡수력이 떨어지므로 주의해야 합니다. 메밀 또한 알레르기를 일으킬 수 있으니 주의해야 합니다.

과일 자체가 알레르기를 일으키는 예는 실제로 많지 않습니다. 껍질이 손상되지 않은 것을 사용하세요. 외국에서는 귤과 오렌지를 제한하고 있습니다.

채소 또한 알레르기를 일으키는 예가 많지 않습니다. 비타민이 파괴되기 쉬우니 짧은 시간 동안 빠르게 조리해 주세요.

견과류
견과류는 지방질 공급원으로 좋다는 장점이 있지만 물에 녹지 않고, 기도 내로 흡입될 수 있으니 영유아 식단에서 제한하는 것이 좋습니다. 알레르기 유발 식품이니 각별한 주의가 요구됩니다.

패류
패류와 새우 등 갑각류는 알레르기를 일으키니 이유식 초기에는 사용을 금합니다.

육류
쇠고기, 닭고기는 알레르기를 일으키는 경우가 많지 않아 사용이 가능합니다.

유제품
9개월이 되면 장 점막과 소화효소들이 어느 정도 성숙해 유제품을 먹여도 괜찮지만 가능한 한 12개월이 지난 후에 먹이는 것이 알레르기를 예방할 수 있습니다.

꿀
꿀에는 식중독을 일으키는 클로스트리디움 보툴리늄 포자가 들어 있을 수 있습니다. 이 포자는 독소를 생성하는데 어른이라면 충분히 이겨내지만 면역력이 형성되지 않은 아이는 위험할 수 있습니다. 12개월 전에는 꿀을 먹이지 마세요.

계란
계란의 노른자보다 흰자에 알레르기 반응을 보이는 아이들이 많습니다. 계란 흰자에 들어 있는 알부민 때문이지요. 돌이 지날 때까지 흰자는 먹이지 마세요.

언제 시작할까요?

돌이 지나면 이제까지 알레르기 위험이 높아 먹이지 않았던 계란 흰자나 토마토, 우유 등을 먹일 수 있게 됩니다. 아이의 어금니가 자라 음식물을 씹는 행동이 능숙해지고 위와 장이 성숙해 소화 기능이 좋아지는 이 시기에 완료기 이유식을 시작합니다.
이제는 모유나 분유가 아닌 이유식이 아이의 주식이 되어야 합니다. 어른이 먹는 것과 비슷하지만 좀더 무른 밥을 만들어 주세요. 어른이 먹는 반찬과 비슷하지만 간을 하지 않거나 싱겁게 한 반찬을 만들어 주세요.

얼마나 먹일까요?

아이의 성장 속도와 발육 상태, 컨디션과 식성 등에 따라 먹는 양이 다르니 정해진 답은 없습니다. 하루 세 번 진밥과 국, 반찬 등을 먹이고 간식도 꼬박꼬박 챙겨주세요. 완료기 이유식과 간식으로 배가 채워지면 빨고자 하는 욕구가 줄어들어 모유나 분유 끊기가 수월해집니다. 인스턴트 식품이나 시판 과자는 되도록 먹이지 마세요. 자극적인 맛에 익숙해지면 편식을 하기 쉽고 몸에도 좋지 않습니다. 감자나 고구마를 썰어주거나 과일, 파프리카 등을 잘게 잘라 주세요.

올바른 식사 예절을 가르쳐 주세요

스스로 음식을 먹겠다며 떼를 쓰는 아이들이 많아지는 시기입니다. 아이에게 숟가락을 쥐어주고 이유식을 혼자 먹는 모습을 지켜봐 주세요. 이유식이 입에 들어가는 것보다 식탁에 쏟거나 바닥에 흘리고, 옷에 묻는 경우가 더 많겠지만 답답하다고 엄마가 숟가락을 뺏어서는 안 됩니다. 아이에게 자립심을 키워주세요. 그러나 아이가 이유식을 먹지 않고 숟가락으로 장난만 치거나, 손으로 집어 먹거나, 여기 저기 돌아다닌다면 단호하게 혼을 내야 합니다. 정해진 시간에, 정해진 장소에서 이유식을 먹게 하고 일정 시간이 지나면 음식을 치워주세요. 아이가 이유식을 남긴다 해서 일일이 떠먹여 주거나, 따라다니며 먹이는 것은 오히려 식사에 대한 흥미를 잃게 만듭니다.

5가지 식품군을 골고루 먹여 주세요

알레르기가 걱정되어 먹이지 않았던 식품이나 알레르기 반응을 일으켰던 음식들도 돌이 지나면 웬만큼 안심하고 먹일 수 있습니다. 자꾸자꾸 식재료의 영역을 넓혀 주세요. 새로운 음식을 시도할 때 처음부터 많이 먹여서는 안 됩니다. 아이가 음식에 알레르기 반응을 보이지 않는다면 곡류, 채소, 생선, 육류, 과일 등 5가지 식품군을 골고루 먹여 주세요.
그러나 아토피 피부염이 심하거나 특정 식품에 알레르기가 있는 아이라면 소아청소년과 의사에게 진찰을 받고, 새로운 음식을 먹일 때 반드시 주의를 기울여야 합니다.

다양한 음식을 만들어 주세요

걸음마를 시작한 아이들은 활동 반경이 점점 넓어지고, 호기심이 늘어나며, 자신만의 기호를 표현하기 시작합니다. 이때 아침에 만든 이유식을 저녁까지 먹이거나, 매번 같은 방식으로 요리한 음식을 준다면 아이는 먹는 것을 싫증내거나 거부하기 쉽습니다. 같은 재료라도 다양한 방식으로 조리해 주세요. 지금까지 먹이지 못했던 재료들을 사용해 새로운 음식을 맛보게 해주세요. 아이들의 평생 식습관이 올바로 정착할 수 있도록 도와주세요. 이 시기에 다양한 음식을 경험하지 못한다면 미각이 제대로 발달하지 못하고, 편식하는 습관을 갖게 됩니다.

음식에 간을 해도 될까요?

이유식을 잘 먹던 아이들이 돌이 지나면서 갑자기 이유식을 먹지 않아 엄마를 고민에 빠지게 하는 경우가 많습니다. 이것은 성장이 둔화되면서 나타나는 정상적인 발달 단계이지만, 그렇다 하더라도 아이가 잘 먹지 않으면 엄마는 걱정할 수밖에 없습니다. 이럴 때 엄마는 '이유식에 간을 해야 하나 말아야 하나' 고민하게 됩니다. 간을 한 이유식을 아이들이 훨씬 맛있게 먹기 때문입니다.
수많은 전문가들이 두 돌까지 간을 한 음식을 절대 먹이지 말라고 하는데, 현실적으로 힘든 부분이 있습니다. 가급적 간을 하지 않은 음식을 먹여야겠지만, 간을 하게 된다면 최소한만 사용해 주세요. 저염간장과 좋은 소금을 사용하고, 시판되는 소스는 사용을 자제해 주세요. 엄마 아빠의 작은 노력이 아이의 올바른 식습관을 만듭니다.

💕 닭가슴살브로콜리진밥

재료(1~2회분)
- 불린 쌀 20g
- 닭가슴살 20g
- 브로콜리 10g
- 물 100ml

미리 준비하기
1. 쌀 불려놓기
2. 닭가슴살 익혀놓기
3. 브로콜리 데쳐놓기

당근이나 단호박 같은 색깔 있는 채소를 넣어 만들어 보세요. 알록달록해서 아이들이 좋아해요.

1. 깨끗이 씻은 쌀을 물에 불린다.
2. 익힌 닭가슴살과 데친 브로콜리를 잘게 썬다.
3. 냄비에 1과 2의 재료를 넣고 볶는다.
4. 쌀이 투명해지면 분량의 물을 붓고 약불로 끓이며 진밥을 짓는다.

♡ 과일치즈진밥

재료(1~2회분)
- 불린 쌀 20g
- 사과 10g
- 배 10g
- 아기용 치즈 1/2장
- 물 100ml

미리 준비하기
1. 쌀 불려놓기

   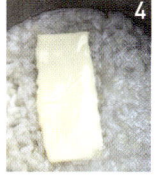

1. 깨끗이 씻은 쌀을 물에 불린다.
2. 사과와 배를 잘게 썬다.
3. 냄비에 쌀과 사과, 배를 넣고 볶는다.
4. 쌀알이 투명해지면 물을 붓고 뭉근하게 끓이다 마지막에 치즈를 넣는다.

아이가 설사를 할 때 익힌 사과를 먹이면 좋아요. 반대로 변비가 있다면 익힌 사과는 피해 주세요.

연어당근진밥

재료(1~2회분)
- 불린 쌀 20g
- 연어 15g
- 당근 5g
- 물 100ml

미리 준비하기
1. 쌀 불려놓기

 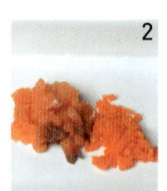  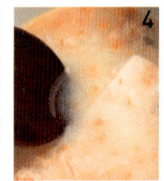

1. 깨끗이 씻은 쌀을 물에 불린다.
2. 연어와 당근은 잘게 다진다.
3. 쌀과 연어, 당근을 넣고 볶는다.
4. 쌀이 익으면 분량의 물을 넣고 쌀알이 퍼지도록 끓인다.

당근은 소화시키기 어려운 채소니 잘게 다져 주세요.

아욱장국밥

재료(1~2회분)
- 불린 쌀 20g
- 아욱 15g
- 미소된장 2g
- 물 100ml

미리 준비하기
1. 쌀 불려놓기
2. 물에 미소된장 풀어놓기

아이들이 입맛 없어할 때 된장물을 넣은 진밥을 해주세요. 변비에도 아주 좋은 이유식이랍니다.

1. 깨끗이 씻은 쌀을 물에 불린다.
2. 아욱은 잎 부분만 데쳐서 잘게 다진다.
3. 아욱과 쌀을 넣고 볶는다.
4. 쌀알이 투명해지면 된장물을 넣고 뭉근하게 끓인다.

파프리카닭안심진밥

재료(1~2회분)
- 불린 쌀 20g
- 닭안심 20g
- 파프리카 15g
- 닭고기 육수 100ml

미리 준비하기
1. 쌀 불려놓기
2. 닭가슴살 익혀놓기

   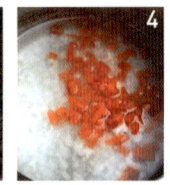

1. 깨끗이 씻은 쌀을 물에 불린다.
2. 파프리카를 볶아 잘게 다지고, 닭안심도 익혀서 작게 썬다.
3. 쌀과 닭안심을 넣고 물 한두 국자를 부어 볶다가 익으면 닭고기 육수를 부어 끓인다.
4. 파프리카를 넣고 뭉근하게 끓인다.

> 파프리카는 향이 강해 아이들이 싫어할 수 있어요. 미리 한 번 볶아주면 향이 덜해져요.

콩나물버섯진밥

재료(1~2회분)

- 불린 쌀 20g
- 익힌 콩나물 10g
- 새송이버섯 10g
- 양파 5g
- 물 100ml

미리 준비하기

1. 쌀 불려놓기

1. 깨끗이 씻은 쌀을 물에 불린다.
2. 콩나물은 머리와 꼬리를 제거하고 익혀서 잘게 자르고, 새송이버섯과 양파도 잘게 다진다.
3. 쌀과 버섯, 양파를 넣고 볶는다.
4. 쌀이 익으면 콩나물과 물을 넣고 끓인다.

> 콩나물에는 아스파라긴산과 비타민이 듬뿍 들어 있어요. 아이들이 소화를 잘 시킬 수 있도록 잘게 잘라주세요.

두부볶음밥

재료(1~2회분)
- 불린 쌀 20g
- 두부 20g
- 다시마 육수 100ml
- 참기름 1/2티스푼

미리 준비하기
1. 쌀 불려놓기

1. 깨끗이 씻은 쌀을 물에 불린다.
2. 두부는 작게 썰어 물기를 제거한다.
3. 물 1~2스푼을 넣고 쌀이 투명해지도록 볶는다.
4. 쌀이 익으면 두부와 다시마 육수를 넣고 끓이다 마지막으로 참기름을 넣는다.

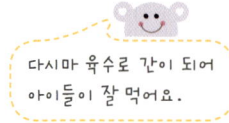

다시마 육수로 간이 되어 아이들이 잘 먹어요.

흰살생선버섯진밥

재료(1~2회분)

- 불린 쌀 20g
- 흰살 생선 10g
- 표고버섯 5g
- 새송이버섯 5g
- 물 100ml

미리 준비하기

1. 쌀 불려놓기

1 깨끗이 씻은 쌀을 물에 불린다.
2 흰살 생선은 익혀서 잘게 썰고, 표고버섯과 새송이버섯은 작게 다진다.
3 쌀과 버섯, 물 1~2스푼을 넣고 볶는다.
4 쌀알이 투명해지면 흰살 생선과 물을 넣고 끓인다.

버섯잡채밥

재료(1~2회분)
- 표고버섯 10g
- 양파 10g
- 당면 20g
- 간장 1/2티스푼
- 참기름 약간
- 당근 5g
- 멸치 육수 100ml

미리 준비하기
1. 쌀 불려놓기
2. 당면 불려놓기

1. 당면을 찬물에 불린다.
2. 양파, 당근, 표고버섯을 잘게 다진다.
3. 팬에 야채를 넣고 볶다가 잘게 자른 당면과 멸치 육수를 넣는다.
4. 당면이 익으면 저염간장을 넣고 좀더 익히다가 참기름을 넣고 진밥에 올린다.

쇠고기브로콜리진밥

재료(1~2회분)
- 불린 쌀 20g
- 쇠고기 20g
- 브로콜리 15g
- 양파 10g
- 쇠고기 육수 100ml

미리 준비하기
1. 쌀 불려놓기

육수를 쓰면 천연간이 되어 입맛 없던 아이들도 좋아한답니다. 하지만 쇠고기 육수가 없다면 물을 넣어 만들어도 괜찮아요.

1. 깨끗이 씻은 쌀을 물에 불린다.
2. 쇠고기와 브로콜리는 익혀 잘게 다지고, 양파도 잘게 썬다.
3. 냄비에 1과 2의 재료를 넣고 볶는다.
4. 쌀이 투명해지면 쇠고기 육수를 넣고 약불로 끓이면서 진밥을 짓는다.

잔멸치볶음밥

재료(1~2회분)

- 불린 쌀 20g
- 잔멸치 10g
- 양파 5g
- 아욱 5g
- 물 100ml

미리 준비하기

1. 쌀 불려놓기
2. 잔멸치는 물에 불려서 염분기를 뺀 뒤에 팬에 볶아놓기

   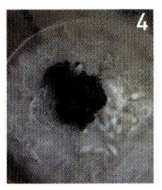

1. 깨끗이 씻은 쌀을 물에 불린다.
2. 양파는 잘게 썰고, 아욱은 잎 부분만 데쳐서 잘게 다진다.
3. 쌀과 잔멸치를 넣고 팬에 달달 볶는다.
4. 쌀이 익으면 양파와 아욱, 물을 넣고 진밥을 짓는다.

> 멸치는 반드시 물에 먼저 불려서 짠맛을 없앤 뒤 사용하세요.

♡ 미역찹쌀진밥

재료(1~2회분)

▢ 불린 쌀 10g
▢ 찹쌀 10g
▢ 미역 10g
▢ 물 100ml

미리 준비하기

1. 쌀 불려놓기

1. 깨끗이 씻은 쌀과 찹쌀을 물에 불린다.
2. 미역은 잎 부분만 찬물에 불린 다음 깨끗이 씻어 염분기를 제거하고 잘게 다진다.
3. 쌀, 찹쌀과 미역을 넣고 달달 볶는다.
4. 쌀알이 익어 투명해지면 물을 붓고 진밥을 짓는다.

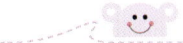

미역에는 칼슘과 요오드, 섬유질 등 몸에 좋은 영양소가 듬뿍 들어 있지만 과다 섭취하면 요오드 과용이 될 수 있으니 주의하세요.

흑미영양밥

재료(1~2회분)

- 불린 쌀 15g
- 흑미 5g
- 닭가슴살 10g
- 양파 5g
- 새송이버섯 5g
- 물 100ml

미리 준비하기

1. 쌀 불려놓기

흑미는 오래 불려야 아이들이 씹기 좋아요. 시간이 없어 미처 불리지 못했다면 절구에 빻아주세요.

1. 깨끗이 씻은 쌀과 흑미를 물에 불린다.
2. 닭가슴살, 양파, 새송이버섯을 잘게 썬다.
3. 1과 2의 재료를 냄비에 넣고 달달 볶는다.
4. 쌀알이 퍼지면 물을 붓고 진밥을 짓는다.

닭안심콩나물진밥

재료(1~2회분)

▫ 불린 쌀 20g
▫ 콩나물 10g
▫ 양파 5g
▫ 당근 5g
▫ 닭안심 10g
▫ 물 100ml

미리 준비하기

1. 쌀 불려놓기
2. 닭안심 익혀놓기

   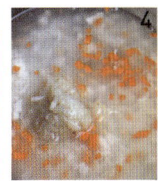

1. 깨끗이 씻은 쌀을 물에 불린다.
2. 콩나물은 머리와 꼬리를 제거하고 삶아서 잘게 자르고, 양파와 당근, 익힌 닭안심은 작게 다진다.
3. 쌀과 양파, 당근, 닭안심을 넣고 볶는다.
4. 쌀알이 투명해지면 콩나물과 물을 넣고 진밥을 짓는다.

치즈고구마밥

재료(1~2회분)
- 불린 쌀 20g
- 아기용 치즈 1/2장
- 고구마 20g
- 브로콜리 5g
- 물 100ml

미리 준비하기
1. 쌀 불려놓기

1. 깨끗이 씻은 쌀을 물에 불린다.
2. 고구마는 잘게 다지고, 브로콜리는 꽃송이 부분만 데쳐서 다진다.
3. 쌀과 고구마, 브로콜리를 넣고 달달 볶는다.
4. 쌀알이 익으면 물을 부어 진밥을 짓고 마지막에 치즈를 얹어 비빈다.

♡ 닭고기양배추진밥

재료(1~2회분)
- 불린 쌀 20g
- 닭가슴살 15g
- 양배추 10g
- 브로콜리 5g
- 물 100ml

미리 준비하기
1. 쌀 불려놓기
2. 닭가슴살 익혀놓기
3. 브로콜리와 양배추 쪄놓기

1. 깨끗이 씻은 쌀을 물에 불린다.
2. 닭가슴살과 양배추는 잘게 썰고, 브로콜리는 꽃송이 부분만 떼어 잘게 다진다.
3. 물 1~2스푼과 불린 쌀을 팬에 넣고 달달 볶는다.
4. 쌀알이 익으면 2의 재료와 물을 넣고 진밥을 짓는다.

♡ 계란야채밥

재료(1~2회분)
- 불린 쌀 20g
- 계란 1개
- 당근 5g
- 양파 5g
- 파 5g
- 물 100ml

미리 준비하기
1. 쌀 불려놓기
2. 계란 풀어놓기

1. 깨끗이 씻은 쌀을 물에 불린다.
2. 당근과 양파, 파를 잘게 다진다.
3. 1과 2를 넣고 볶는다.
4. 쌀알이 익으면 물을 붓고 약불로 끓이다가 계란 푼 것을 넣고 진밥을 짓는다.

> 계란 흰자에 알레르기 반응을 보인다면 독감 주사에도 알레르기 반응이 나타날 수 있으니 각별히 주의하세요.

두부버섯진밥

재료(1~2회분)
- 불린 쌀 20g
- 두부 10g
- 표고버섯 5g
- 양파 5g
- 물 100ml

미리 준비하기
1. 쌀 불려놓기

1. 깨끗이 씻은 쌀을 물에 불린다.
2. 두부는 으깨서 물기를 빼고, 표고버섯과 양파는 잘게 다진다.
3. 불린 쌀과 양파를 넣고 달달 볶는다.
4. 쌀알이 익으면 두부와 표고버섯, 물을 넣고 진밥을 짓는다.

연어야채밥

재료(1~2회분)

▫ 불린 쌀 20g
▫ 연어 15g
▫ 무 10g
▫ 브로콜리 5g
▫ 멸치다시마 육수 100ml

미리 준비하기

1. 쌀 불려놓기

1. 깨끗이 씻은 쌀을 물에 불린다.
2. 연어와 무는 잘게 썰고, 브로콜리는 꽃송이 부분만 다진다.
3. 불린 쌀과 무를 넣고 볶는다.
4. 쌀알이 익으면 연어와 브로콜리, 멸치다시마 육수를 넣어 진밥을 짓는다.

연어는 잘게 썰기 전에 키친타월로 기름기를 빼주면 훨씬 맛이 담백해져요.

연두부찜

재료(1~2회분)
- 연두부 20g
- 계란 1개
- 양파 10g
- 멸치다시마 육수 100ml

미리 준비하기
1. 쌀 불려놓기

1. 계란은 거품이 많이 나지 않도록 잘 풀어주고, 양파는 다져 둘을 섞는다.
2. 1의 재료와 동량의 육수를 섞는다.
3. 찜통용 그릇에 2를 넣고 연두부를 스푼으로 작게 떠서 넣는다.
4. 김이 오른 찜통에 넣고 10분 정도 찐다.

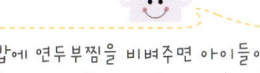

밥에 연두부찜을 비벼주면 아이들이 좋아해요. 잘 먹지 않는다면 참기름을 살짝 넣고 비벼주세요.

영양찰밥

재료(1~2회분)

- 불린 쌀 10g
- 찹쌀 5g
- 흑미 5g
- 대추 5g
- 물 100ml

미리 준비하기

1. 쌀 불려놓기

1 쌀과 찹쌀, 흑미를 씻어 불린다.
2 대추는 씨를 뺀 뒤 잘게 다진다.
3 1과 2를 넣고 달달 볶는다.
4 쌀알이 익으면 분량의 물을 넣고 진밥을 짓는다.

밤영양밥

단맛이 풍부해서 아이들이 좋아해요.

재료(1~2회분)

▫불린 쌀 20g
▫밤 10g
▫애호박 5g
▫당근 5g
▫물 100ml

미리 준비하기

1. 쌀 불려놓기

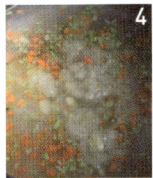

1 깨끗이 씻은 쌀을 물에 불린다.
2 밤은 삶아서 으깨고, 애호박과 당근은 작게 다진다.
3 쌀과 애호박, 당근을 넣고 볶는다.
4 쌀알이 익으면 으깬 밤과 분량의 물을 넣어 진밥을 짓는다.

쇠고기야채진밥

재료(1~2회분)
- 불린 쌀 20g
- 쇠고기 15g
- 당근 5g
- 양파 10g
- 쇠고기 육수 100ml
- 참기름 2방울

미리 준비하기
1. 쌀 불려놓기

1. 깨끗이 씻은 쌀을 물에 불린다.
2. 쇠고기는 잘게 썰고 당근과 양파는 작게 다진다.
3. 쌀과 참기름, 쇠고기, 야채를 넣고 달달 볶는다.
4. 쌀알이 익으면 분량의 육수를 넣고 약불로 끓이면서 진밥을 짓는다.

쇠고기배추진밥

감기 예방에 좋아요.

재료(1~2회분)
- 불린 쌀 20g
- 쇠고기 15g
- 배추 15g
- 쇠고기 육수 100ml

미리 준비하기
1. 쌀 불려놓기

 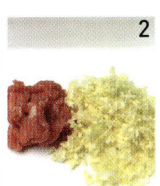 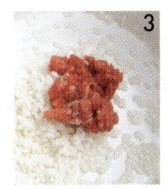 

1. 깨끗이 씻은 쌀을 물에 불린다.
2. 쇠고기는 잘게 썰고 배추는 잎 부분만 잘게 다진다.
3. 불린 쌀과 쇠고기를 넣고 달달 볶는다.
4. 쌀알이 익으면 배춧잎과 쇠고기 육수를 넣고 진밥을 짓는다.

삼색주먹밥

한 입에 쏘옥~

재료(1~2회분)

- 진밥 30g
- 쇠고기 15g
- 브로콜리 10g
- 계란 1개
- 참기름 1방울
- 멸치다시마 육수 적당량

미리 준비하기

1. 쌀 불려놓기

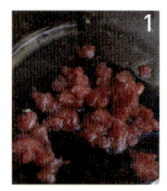   

1. 잘게 다진 쇠고기에 멸치다시마 육수를 붓고 달달 볶다가 참기름을 1방울 넣는다.
2. 꽃송이 부분만 떼어낸 브로콜리를 멸치다시마 육수에 볶는다.
3. 계란을 삶은 뒤에 노른자만 체에 내린다.
4. 진밥에 1, 2, 3의 재료를 각각 넣고 작은 크기로 주먹밥을 만든다.

고구마흑미진밥

재료(1~2회분)
- 불린 쌀 10g
- 흑미 10g
- 고구마 15g
- 양파 5g
- 브로콜리 5g
- 물 100ml

미리 준비하기
1. 쌀 불려놓기

1 깨끗이 씻은 쌀과 흑미를 물에 불린다.
2 고구마와 양파는 잘게 썰고, 브로콜리는 꽃송이 부분만 떼어 다진다.
3 1과 2를 넣고 달달 볶는다.
4 쌀알이 익으면 분량의 물을 넣어 진밥을 짓는다.

쇠고기감자진밥

재료(1~2회분)

- 불린 쌀 20g
- 쇠고기 15g
- 감자 15g
- 양파 5g
- 쇠고기 육수 100ml

미리 준비하기

1. 쌀 불려놓기

1. 깨끗이 씻은 쌀을 물에 불린다.
2. 쇠고기는 잘게 썰고, 감자와 양파는 작게 다진다.
3. 불린 쌀과 감자, 양파, 쇠고기를 넣고 달달 볶는다.
4. 쌀알이 익으면 쇠고기 육수를 넣고 진밥을 짓는다.

버섯영양밥

재료(1~2회분)
- 불린 쌀 20g
- 표고버섯 5g
- 새송이버섯 5g
- 양파 5g
- 멸치다시마 육수 100ml

미리 준비하기
1. 쌀 불려놓기

 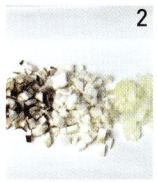  

1 깨끗이 씻은 쌀을 물에 불린다.
2 표고버섯, 새송이버섯, 양파를 잘게 썬다.
3 불린 쌀과 버섯, 양파를 넣고 달달 볶는다.
4 쌀알이 익으면 분량의 육수를 넣고 약불로 끓여 진밥을 짓는다.

완두콩진밥

재료(1~2회분)
- 불린 쌀 20g
- 완두콩 5g
- 양파 5g
- 감자 5g
- 물 100ml

미리 준비하기
1. 쌀 불려놓기

1. 깨끗이 씻은 쌀을 물에 불린다.
2. 완두콩은 삶아서 껍질을 벗긴 후 다지고, 양파와 감자는 작게 썬다.
3. 불린 쌀과 양파, 감자를 넣고 달달 볶는다.
4. 쌀알이 익으면 완두콩과 분량의 물을 넣어 진밥을 짓는다.

광어야채진밥

재료(1~2회분)
- 불린 쌀 20g
- 광어 10g
- 당근 5g
- 양파 5g
- 무 5g
- 생선 육수 100ml

미리 준비하기
1. 쌀 불려놓기
2. 광어 익혀놓기

1. 깨끗이 씻은 쌀을 물에 불린다.
2. 광어는 익혀서 으깨고 당근, 양파, 무는 잘게 썬다.
3. 불린 쌀과 야채를 넣고 달달 볶는다.
4. 쌀알이 익으면 광어와 분량의 육수를 넣고 진밥을 짓는다.

유아식

생후 16~24개월

언제 시작할까요?

완료기 이유식을 마친 아이들은 본격적으로 유아식을 먹기 시작합니다. 엄마 아빠와 함께 앉아 스스로 밥을 먹는 아이를 볼 때면 '다 키웠구나' 하는 뿌듯한 마음이 들 것입니다. 이제 아이 음식을 별도로 만들지 않아도, 어른 음식을 만들면서 마지막 간을 하기 전에 조금 덜어 내어 만들면 되니 한결 수월해집니다. 그러나 아이가 엄마 아빠가 먹는 음식을 탐낸다고 어른 음식을 주는 일은 없어야 합니다. 아이가 먹는 음식은 간을 사용하지 않거나, 최소한의 간만 넣어 주세요.

 ## 국에 밥을 말아 먹이지 마세요

유아식이라 해서 어른들이 먹는 것과 동일한 음식을 먹는 것은 아닙니다. 아직까지는 어린 아이를 위해 어른이 먹는 밥보다 조금 더 부드럽게 밥을 지어주세요. 반찬 역시 소화하기 쉽도록 잘게 다지거나 으깨주세요. 너무 크게 썰면 아이가 씹거나 삼키다가 목에 걸릴 수 있어 위험합니다.

유아식으로 밥과 반찬, 국을 함께 주는 경우가 많은데 국에 밥을 말아 먹이면 잘 씹지 않고 삼키기 때문에 소화가 되지 않아 위 기능을 저하시킵니다. 씹어 먹는 것보다 후루룩 마시는 것이 편하다 보니 씹는 연습도 방해하구요. 그러니 국을 너무 자주 주지 말고, 줄 때는 꼭 밥을 말지 말고 따로 주세요. 천연 육수로 국을 끓이고, 간을 더 해야 한다면 저염간장을 약간 넣어 주세요.

식사 시간의 즐거움을 알려 주세요

아이가 밥을 잘 먹지 않아 고민하는 부모가 많습니다. 그러나 먹을 것을 강요하면 아이들은 더 음식 먹기를 싫어합니다. 한 입이라도 더 먹이고 싶어 아이 뒤를 쫓아 다니며 입에 음식을 넣어주는 경우가 있는데 이는 결코 도움이 되지 않습니다. 숟가락이나 포크 사용에 서툰 아이를 꾸중하거나 떠들지 말고 먹으라고 나무라는 행위 또한 먹는 것에 대한 흥미를 잃게 합니다.

아이에게 '식사 시간의 즐거움'을 알려주세요. 아이가 밥상 앞에 앉지 않고 다른 곳을 돌아다녀도 신경 쓰지 말고 나머지 가족은 식탁에 둘러앉아 즐겁게 식사를 하면 됩니다. 처음에는 밥을 먹지 않고 장난을 치던 아이도 시간이 지나면 소외감을 느끼고 밥상으로 돌아올 것입니다. 아이가 자리에 앉아 음식을 먹을 때마다 한껏 칭찬해 주세요.

 ## 다양한 음식을 만들어 주세요

똑같은 재료도 여러 가지 조리 방법을 통해 다양한 음식으로 변신합니다. 볶기도 하고, 찌기도 하고, 조리기도 하고, 삶기도 하면서 매번 새로운 음식에 도전해 보세요. 어릴 때 다양한 음식을 맛본 아이일수록 편식하지 않고 골고루 먹는답니다.

새로운 음식을 한 번 먹였는데 아이가 잘 먹지 않는다고 해서 포기하지 마세요. 엄마가 먼저 맛있게 먹는 모습을 보여주고 다양한 조리법으로 요리해 주면 처음에는 싫어했던 아이도 그 음식을 잘 먹게 됩니다.

야채주먹밥

재료(1~2회분)
- 밥 40g
- 김 1장
- 참기름 1티스푼
- 참깨 1티스푼
- 다진 당근 1/2스푼
- 다진 양파 1/2스푼
- 멸치다시마 육수 100ml

미리 준비하기
1. 당근과 양파 다져놓기

  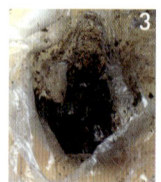 

1. 잘게 다진 양파와 당근을 멸치다시마 육수에 볶는다.
2. 밥에 1의 재료와 참기름, 참깨를 넣고 섞는다.
3. 김을 구워 비닐봉지에 넣고 잘게 부순다.
4. 2의 밥으로 작은 주먹밥을 만들어 김가루에 굴린다.

♡ 토마토볶음밥

재료(1~2회분)
- 완숙토마토 1/2개
- 밥 50g
- 김치 10g
- 계란 1개
- 양파 10g

미리 준비하기
1. 토마토 익혀서 껍질 벗겨놓기
2. 김치를 씻어 물에 담가놓기
3. 계란으로 스크램블 에그 만들기

토마토를 고를 때는 가능한 한 빨갛게 익은 완숙 토마토를 고르세요.

토마토를 익혀 먹으면 활성산소를 억제하는 리코펜이 증가하고 흡수율도 높아져요.

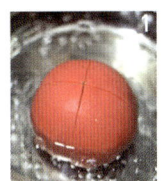   

1. 토마토는 끓는 물에 살짝 데쳐 껍질을 벗긴 뒤 과육만 잘게 다진다.
2. 물에 담가둔 김치를 꺼내 물기를 제거한 뒤 잘게 다지고, 양파는 작게 썬다.
3. 스크램블 에그와 밥, 양파를 넣고 볶는다.
4. 양파가 익으면 토마토와 김치를 넣고 볶는다.

유아용 불고기

재료(1~2회분)
- 불고기감 180g
- 당근
- 양파
- 파

미리 준비하기
멸치다시마 육수 3스푼, 배 간 것 2스푼, 저염간장 2스푼, 아가베시럽 2스푼, 매실액 1스푼, 다진 마늘 1티스푼, 참기름과 후춧가루를 조금 넣어 불고기 양념장 만들기

1. 불고기용 고기를 잘게 썬다.
2. 양파, 당근, 파를 잘게 다진다.
3. 고기와 야채에 불고기 양념장을 넣고 버무린다.
4. 버무린 고기와 야채를 강불에서 볶는다.

아가베시럽이 없다면 메이플시럽으로 대체가 가능해요.

야채계란말이

재료(1~2회분)

▫ 계란 1개
▫ 당근 5g
▫ 양파 5g
▫ 브로콜리 5g

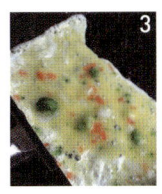

1. 계란은 거품이 많이 나지 않게 조심해서 푼다.
2. 당근과 양파, 브로콜리를 잘게 다져서 계란에 섞는다.
3. 포도씨유를 붓으로 팬에 얇게 바른 뒤 2를 나누어 붓는다.
4. 계란이 반쯤 익었을 때 가장자리에서 말아주고, 다시 2를 부어 말아주는 것을 몇 차례 반복한다.

야채토마토볶음

비타민이 듬뿍!

재료(1~2회분)
- 완숙토마토 1/2개
- 양파 5g
- 애호박 5g
- 브로콜리 5g
- 포도씨유 1티스푼

1. 토마토는 끓는 물에 살짝 데쳐 껍질을 벗긴 뒤 과육만 잘게 다진다.
2. 양파와 애호박은 작게 썰고, 브로콜리는 꽃송이 부분만 떼어 다진다.
3. 팬에 포도씨유 1티스푼을 넣고 양파와 애호박을 볶는다.
4. 야채가 어느 정도 익으면 브로콜리와 다진 토마토를 넣고 볶는다.

쇠고기무국

재료(1~2회분)
▫ 쇠고기 30g
▫ 무 20g
▫ 저염간장 1티스푼
▫ 참기름 1티스푼

1️⃣ 쇠고기와 무를 작게 썬다.
2️⃣ 팬에 참기름을 넣고 쇠고기와 무를 볶는다.
3️⃣ 쇠고기가 넉넉히 잠길 만큼 물을 붓고, 저염간장 1티스푼을 넣어 간을 한다.
4️⃣ 약불로 끓인다.

♡♡ 미역국

재료(1~2회분)

▫ 미역 20g
▫ 쇠고기 10g
▫ 멸치다시마 육수 300ml
▫ 저염간장 1/2티스푼
▫ 참기름 1티스푼

미리 준비하기

1. 멸치다시마 육수 만들기

❶ 미역은 찬물에 충분히 불린다.
❷ 불린 미역과 쇠고기를 잘게 자른다.
❸ 참기름을 두른 팬에 미역과 쇠고기를 넣고 달달 볶는다.
❹ 고기가 익으면 멸치다시마 육수와 저염간장을 넣고 푹 끓인다.

숙주북엇국

재료(1~2회분)
- 숙주 20g
- 북어포 15g
- 참기름 1/2티스푼
- 멸치다시마 육수 300ml

미리 준비하기
1. 멸치다시마 육수 만들기

1. 숙주는 데친 뒤 잘게 썬다.
2. 북어포는 살이 연한 부위를 골라 물에 불린 뒤 가시를 제거하고 잘게 찢는다.
3. 참기름을 두른 팬에 콩나물과 북어포를 넣고 달달 볶는다.
4. 북어포가 익으면 멸치다시마 육수를 부어서 끓인다.

숙주는 물에 씻으면 쉽게 무르니 1~2일 내로 섭취하세요.

된장국

재료(1~2회분)
- 미소된장 1/2티스푼
- 멸치다시마 육수 250ml
- 각종 야채(애호박, 배추, 호박, 팽이버섯 등)

미리 준비하기
1. 멸치다시마 육수 만들기

1. 멸치다시마 육수에 미소된장을 넣고 한소끔 끓인다.
2. 애호박은 작은 네모꼴로 썰고 배추는 잎 부분 위주로 자른다. 팽이버섯은 밑동을 잘라내고 짧게 썬다.
3. 1에 2를 넣고 끓인다.
4. 떠오르는 거품을 걷어내며 약불로 끓인다.

팽이버섯은 맛과 향이 강하지 않고 씹는 맛이 쫄깃해 아이들이 좋아해요.

계란찜

재료(1~2회분)

▫ 계란 1개
▫ 멸치다시마 육수 50ml
▫ 파 5g
▫ 양파 5g

미리 준비하기

1. 멸치다시마 육수 만들기

전자레인지에 돌리면 간단하게 만들 수 있지만 맛이 퍽퍽해지기도 해요. 이럴 땐 찜통에 넣고 5분간 쪄주세요.

1️⃣ 파와 양파는 잘게 다진다.
2️⃣ 계란은 거품이 나지 않도록 조심스럽게 풀어 멸치다시마 육수와 섞는다.
3️⃣ 내열유리그릇에 1️⃣과 2️⃣를 섞는다.
4️⃣ 전자레인지에 넣고 1분 30초를 돌린 뒤 다시 30초 더 돌린다.

♡ 버섯볶음

재료(1~2회분)

▫ 팽이버섯 5g

▫ 표고버섯 5g

▫ 느타리버섯 5g

▫ 멸치다시마 육수 150ml

▫ 참기름 1티스푼

팽이버섯은 섬유질이 풍부해 장운동을 돕고 호흡기를 튼튼하게 한답니다.

새송이버섯이나 양송이버섯 등 각종 버섯을 활용해 다양하게 만들어 보세요.

1. 각종 버섯을 잘게 썬다.
2. 손질한 버섯과 멸치다시마 육수를 넣고 볶는다.
3. 버섯이 익으면 불을 끄고 참기름을 넣어 마무리한다.

과일물김치

재료(1~2회분)

▫ 사과 10g
▫ 무 15g
▫ 당근 5g
▫ 마늘 1/2쪽
▫ 소금 1/2티스푼
▫ 물 500ml
▫ 양파 1/2개
▫ 배 1과 1/2개

1. 사과, 무, 당근을 작고 얄팍하게 썬다.
2. 양파와 배를 갈아서 면보에 걸러 건더기와 즙을 분리한다.
3. 글라스락에 1과 2의 재료를 섞는다.
4. 소금간을 한 뒤 실온에서 이틀 정도 익혀 냉장고에 넣고 시원하게 먹는다.

유아용 쇠고기장조림

재료(1~2회분)
- 쇠고기 150g
- 무 15g
- 대파 흰 부분 1개
- 양파 1개
- 참깨 적당량

미리 준비하기
1. 물 100ml, 저염간장 3스푼, 아가베시럽 1스푼, 매실액 1스푼을 넣어 조림장 만들기

쇠고기는 핏물을 잘 빼줘야 냄새도 나지 않고, 오래 보관할 수 있어요.

1. 쇠고기는 찬물에 담가 핏물을 뺀 뒤에 끓는 물에 데친다.
2. 데친 쇠고기와 무, 대파, 양파를 넣고 바글바글 끓인다.
3. 한소끔 끓으면 조림장을 넣고 졸인다.
4. 양념이 잘 배어들면 식힌 뒤 잘게 찢어 참깨와 버무린다.

야채볶음밥

재료(1~2회분)

▢ 밥 20g
▢ 양파 10g
▢ 당근 5g
▢ 아욱 5g
▢ 참기름 1티스푼
▢ 멸치다시마 육수 150ml

1. 양파와 당근은 잘게 다지고, 아욱은 잎 부분만 잘게 다진다.
2. 멸치다시마 육수에 양파와 당근을 넣고 볶는다.
3. 당근이 익으면 밥과 아욱을 넣고 볶는다.
4. 아욱이 익으면 불을 끄고 참기름을 살짝 넣는다.

계란덮밥

재료(1~2회분)
- 밥 20g
- 계란 1개
- 멸치다시마 육수 100ml
- 양파 10g
- 당근 5g
- 애호박 5g
- 참기름 1티스푼

밥 위에 뿌려 아이에게 주면 좋아해요.

1. 양파와 당근, 애호박을 잘게 다진다.
2. 계란은 거품이 나지 않도록 조심스럽게 풀어 멸치다시마 육수와 섞는다.
3. 팬에 1과 참기름을 넣고 달달 볶는다.
4. 야채가 익으면 2의 계란물을 붓고 끓인다.

콩가루배추볶음

콩가루의 고소한 맛이 일품!

재료(1~2회분)
- 배추 65g
- 멸치다시마 육수 2스푼
- 콩가루 2티스푼
- 참기름 1티스푼

1. 배추는 잘게 썰어 끓는 물에 데친다.
2. 데친 배추에 멸치다시마 육수를 넣는다.
3. 2에 참기름과 콩가루를 넣는다.
4. 재료들을 잘 볶는다.

과일제육볶음

재료(1~2회분)

- 돼지고기 30g
- 사과 10g
- 양파 10g
- 애호박 5g

미리 준비하기

1. 저염간장 1티스푼, 배즙 1스푼, 참기름 약간, 매실액 1티스푼을 넣어 양념장 만들기

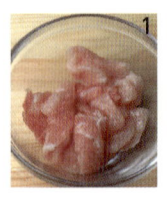

1. 돼지고기는 기름기 없는 부위로 작게 썬다.
2. 사과, 양파, 애호박을 작게 썬다.
3. 1과 2의 재료에 양념장을 붓고 버무려 냉장고에 넣고 최소 2시간 이상 숙성시킨다.
4. 달군 팬에 빠르게 볶는다.

쇠고기볶음밥

재료(1~2회분)

▫ 밥 20g
▫ 쇠고기 20g
▫ 양파 10g
▫ 당근 5g
▫ 참기름 1티스푼
▫ 저염간장 1티스푼
▫ 매실액 1스푼

1. 쇠고기는 찬물에 담가 핏물을 뺀 뒤에 잘게 다져 매실액에 30분 동안 재운다.
2. 양파와 당근은 작게 썬다.
3. 쇠고기와 양파, 당근을 넣고 달달 볶는다.
4. 고기가 익으면 밥을 넣고 저염간장으로 간을 맞춘 뒤에 참기름을 넣는다.

두부볶음

재료(1~2회분)
- 두부 40g
- 멸치다시마 육수 150ml
- 참기름 1/2티스푼
- 녹말가루 1/2스푼
- 포도씨유 1스푼

1 두부를 사방 1cm 크기로 잘라 녹말가루에 묻힌다.
2 포도씨유 1스푼을 두르고 두부를 살짝 볶는다.
3 멸치다시마 육수를 붓고 두부를 졸이듯 볶는다.
4 참기름을 살짝 넣어 마무리한다.

닭고기완자

재료(1~2회분)
- 닭가슴살 30g
- 양파 5g
- 당근 5g
- 녹말가루 1티스푼
- 참기름 1/2티스푼

 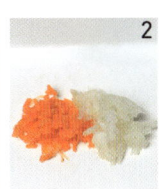  

1 닭가슴살은 곱게 다진다.
2 양파와 당근은 잘게 썬다.
3 1과 2의 재료에 녹말가루와 참기름을 넣고 치댄다.
4 둥근 모양으로 끓는 물에 재빠르게 데쳐 완자를 만든다.

잔치국수

재료(1~2회분)
▫ 멸치 10개
▫ 다시마 3×3cm 2장
▫ 물 적당량
▫ 소면 1/2인분
▫ 양파 10g
▫ 애호박 10g
▫ 김가루
▫ 깨

1 냄비에 멸치와 다시마, 물을 넣고 바글바글 끓여 육수를 만든다.
2 양파와 애호박을 잘게 썰어 멸치 육수에 볶는다.
3 소면을 삶아서 찬물에 헹군다.
4 소면에 양파, 애호박, 김가루, 깨를 얹고 멸치 육수에 저염간장 1스푼을 넣어 간을 한 육수를 넣는다.

♡ 홍합영양밥

재료(1~2회분)
- 껍질 벗긴 홍합 한 줌
- 쌀 5스푼
- 콩나물 15g
- 표고버섯 1개
- 파 5g
- 참기름 1/2티스푼
- 물
- 청주

미리 준비하기
1. 쌀 불려놓기

 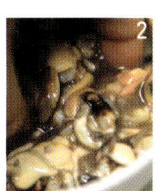 

1. 콩나물과 표고버섯, 파를 잘게 다진다.
2. 홍합은 청주에 넣고 주물러 비린 향을 제거하고 흐르는 물에 깨끗이 씻는다.
3. 불린 쌀과 홍합, 참기름을 넣고 중불에서 달달 볶다가 쌀알이 투명해지면 ①을 넣고 마저 볶는다.

청주의 알콜 성분은 요리할 때 모두 사라지니 걱정하지 마세요.

이유식을 하다 보면 끼니와 끼니 사이에 아이가 배고픔을 느낄 때가 있습니다. 이때 아이들에게 모유나 분유 대신 간식을 먹여야 합니다.

아이의 간식은 엄마 아빠에게 많은 고민거리를 안겨 줍니다. 무엇을 먹여야 할지, 얼마나 먹여야 할지부터 시작해서 밥 대신 간식만 찾는 아이들에게 어떻게 대응해야 할지, 시판 간식을 먹여도 될지….

이유식에 정답은 없습니다. 과일이나 채소를 통해 천연의 맛을 알게 해주고, 좀더 나아가 직접 조리한 간식을 주면 좋겠지만 그럴 만한 여건이 되지 않아 시판 간식을 구매했다 하더라도 지나친 죄책감은 금물입니다. 분명 애정이 담긴 눈으로 꼼꼼히 성분을 따져 구입했을 테니까요.

직접 간식을 만들어 먹일 때는 역시 단맛, 짠맛을 최대한 줄여 주세요. 설탕 대신 아가베시럽을 사용하고, 밀가루 대신 쌀가루를 사용하는 등 아이를 위해 재료 선택에 주의를 기울여 주세요.

배찜은 중기 이유식 시기부터 먹여도 되고, 나머지는 돌 이후에 만들어 먹이면 좋은 간식입니다.

아이의 건강은 부모의 손에 달려 있답니다.
다들 파이팅입니다!

두부과자

재료(1~2회분)
- 노른자 1개
- 쌀가루 1스푼
- 으깬 두부 1스푼
- 포도씨유 1스푼

  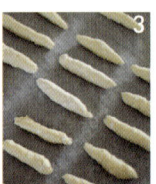 

쌀가루가 없다면 밀가루를 사용하세요. 그러나 빵이나 과자, 밀가루 음식에 알레르기가 있는 아이들은 반드시 쌀가루를 사용해야 합니다.

1. 두부는 으깬 뒤에 물기를 뺀다.
2. 으깬 두부에 노른자, 쌀가루를 넣고 잘 섞은 뒤 냉장고에 넣어 30분 동안 휴지시킨다.
3. 휴지시킨 반죽을 밀대로 밀어 모양을 내서 자른다.
4. 190도 오븐에서 14분 동안 굽는다.

감자칩 고구마칩 당근칩

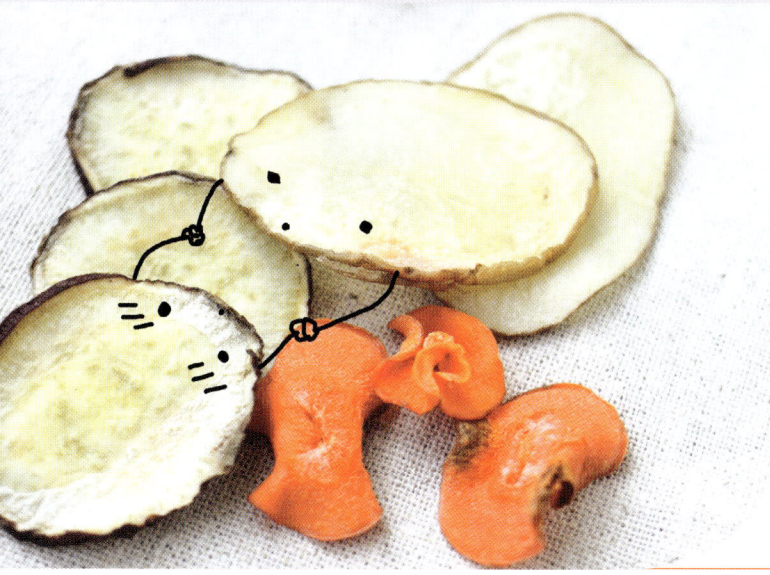

재료(1~2회분)
- 감자
- 고구마
- 당근
- 소금물

미리 준비하기
1. 물 1.5ℓ에 소금 1스푼을 넣고 소금물 만들기

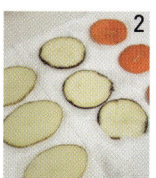
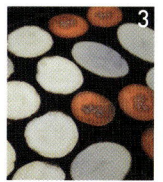

1. 당근, 고구마, 감자를 일정한 두께로 잘라 소금물에 담근다.
2. 1을 꺼내 키친타월에 물기를 닦는다.
3. 전자레인지에 넣어 겉면이 익을 때까지 돌린다.
4. 식힘망에서 식힌 뒤 그릇에 보관한다.

소금은 미네랄이 풍부한 천일염을 사용하세요.

♡ 미숫가루케이크

재료(1~2회분)

- 계란 3개
- 미숫가루 100g
- 베이킹파우더 5g
- 아가베시럽 45g
- 포도씨유 1과 1/2스푼

1 계란을 거품기로 잘 풀어준다.
2 아가베시럽을 넣고 아이보리색이 될 때까지 거품기를 돌린다.
3 2에 미숫가루를 넣고 살살 섞는다.
4 180도 오븐에서 15분 동안 굽는다.

> 계란은 영양가가 높고 친환경적인 유정란을 사용해 주세요.

🧡 유아파운드케이크

재료(1~2회분)
- 박력쌀가루 205g
- 두유 158g
- 베이킹파우더 4g
- 꿀 75g
- 포도씨유 55g
- 레몬즙 1티스푼
- 소금 1/2티스푼
- 건자두 큰 알로 5개

1️⃣ 두유에 포도씨유, 레몬즙, 소금을 넣고 소금이 녹을 정도로 거품을 낸다.
2️⃣ 소금이 녹으면 꿀을 넣고 좀더 섞는다.
3️⃣ 2️⃣에 박력쌀가루와 잘게 자른 건자두를 넣고 잘 섞어서 파운드용 용기에 따른다.
4️⃣ 180도 오븐에서 30분 정도 구운 뒤 식힌다.

♡ 토마토소스야채떡조림

재료(1~2회분)
- 완숙토마토 1개
- 신당동 떡볶이 떡
- 호박
- 양파
- 당근
- 레몬즙 1스푼
- 아가베시럽 1스푼
- 감자전분 1/2스푼
- 우유 (토마토가 잠길 정도 분량)

  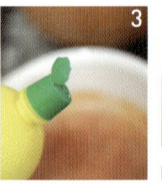 

1. 야채는 모두 잘게 자르고 떡은 씻는다.
2. 토마토는 끓는 물에 살짝 데쳐 껍질을 벗긴 뒤 과육만 잘게 다져 우유와 함께 끓인다.
3. 2에 아가베시럽과 레몬즙, 전분가루를 넣어 소스를 만든다.
4. 야채와 떡에 소스를 넣고 조린다.

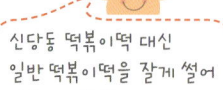

신당동 떡볶이떡 대신 일반 떡볶이떡을 잘게 썰어 만들어도 괜찮아요.

♥ 홈메이드새우깡

아삭아삭~!

재료(1~2회분)

▫ 우리밀 125g
▫ 건새우 30g
▫ 우유 6스푼
▫ 포도씨유 3스푼
▫ 소금 1티스푼
▫ 베이킹파우더 1g
▫ 검은깨 5g
▫ 아가베시럽 1과 1/2스푼

1. 마른 팬에 건새우를 볶아 믹서에 간다.
2. 우유에 소금, 포도씨유, 아가베시럽을 넣고 섞는다.
3. 볼에 새우 가루, 우리밀, 검은깨를 넣고 2를 부어 반죽한 뒤 냉장고에 넣어 휴지시킨다.
4. 휴지시킨 반죽을 밀대로 밀어 모양을 낸 뒤 200도 오븐에서 5~7분가량 굽는다.

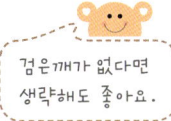

검은깨가 없다면 생략해도 좋아요.

야채크래커

재료(1~2회분)
- 박력분 130g
- 후리가케 130g
- 양파즙 3스푼
- 파슬리가루 1티스푼
- 포도씨유 20g
- 소금 1티스푼
- 설탕 30g
- 노른자 1개
- 베이킹파우더 1/2티스푼

  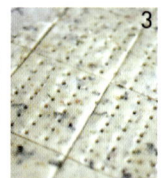 

1. 양파는 강판에 갈아 즙을 낸다.
2. 박력분과 베이킹파우더를 뺀 나머지 재료를 거품기로 잘 섞은 뒤 박력분과 베이킹파우더를 넣고 반죽한다. 반죽은 냉장고에 넣어 휴지시킨다.
3. 휴지시킨 반죽을 밀대로 밀어 모양을 만든다.
4. 180도 오븐에서 15분 동안 굽는다.

♡ 배찜

> 감기에 걸렸을 때 열을 내려주고, 배변활동에도 도움을 줘요.

재료(1~2회분)
- 작은 배 1개
- 도라지 15g
- 대추 3개
- 밤 3톨
- 잣 10개
- 아가베시럽 1티스푼

1. 배는 윗부분을 잘라 속을 파낸다.
2. 속을 파낸 배에 도라지, 대추, 밤, 잣과 아가베시럽을 넣는다.
3. 내열유리그릇에 2의 배를 담고, 잘라낸 윗부분을 올린 뒤 찜통에서 찐다.
4. 3을 체에 거르고 잣과 대추 등을 띄운다.

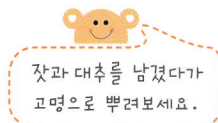

잣과 대추를 남겼다가 고명으로 뿌려보세요.

우유치즈

재료(1~2회분)

□ 우유 1000ml
□ 레몬 1개

 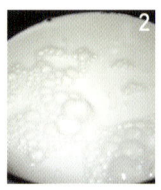  

1. 레몬의 즙을 짠다
2. 우유를 냄비에 넣고 한소끔 끓인 후 약불로 줄인다.
3. 2에 레몬즙을 넣고 계속 휘젓는다.
4. 순두부처럼 몽글몽글한 것이 올라오면 불을 끄고 삼베나 면보 등에 넣어 물기를 짠다.

감자전

재료(1~2회분)
- 중간 크기의 감자 1개
- 노른자 1개
- 포도씨유

1. 감자는 껍질을 벗기고 강판에 갈아 건더기와 물을 따로 분리한다.
2. 감자 건더기에 노른자를 넣는다.
3. 감자 물을 따라내고 바닥에 남은 감자 앙금을 2에 섞는다.
4. 포도씨유를 아주 살짝 바른 팬에 스푼으로 떠서 굽는다.

💜 케첩

재료(1~2회분)
- 토마토 360g
- 아가베시럽 1과 1/2스푼
- 레몬즙 1스푼
- 전분가루 1스푼

 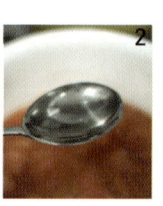  

1. 토마토는 끓는 물에 살짝 데쳐 껍질을 벗긴 뒤 과육만 잘게 으깬다.
2. 으깬 토마토에 레몬즙과 시럽을 넣고 끓인다.
3. 농도를 맞추기 위해 전분가루를 넣기도 한다.
4. 끓인 토마토를 믹서에 넣고 간다.

농도에 따라 ③번은 생략이 가능해요.

두부마요네즈

재료(1~2회분)
- 두부 140g
- 우유 100ml
- 구운 아몬드 한 줌
- 레몬즙 1과 1/2스푼
- 아가베시럽 2스푼
- 소금 1티스푼

케첩과 두부마요네즈는 밀폐용기에 담아 보관하세요. 케첩은 1주, 두부마요네즈는 2주까지 보관이 가능해요.

1 재료를 준비한다.
2 두부와 그 외 재료를 모두 믹서에 넣고 갈아준다.

아이용 와플

재료(1~2회분)
- 쌀가루 180g
- 아가베시럽 8과 1/2스푼
- 바닐라향 1티스푼
- 소금 1/3티스푼
- 계란 2개
- 우유 150ml
- 포도씨유 50g

1 거품기에 계란을 넣고 풀어주면서 소금, 아가베시럽을 넣는다.
2 1에 우유, 포도씨유를 넣는다.
3 쌀가루와 바닐라향을 넣는다.
4 와플기에 구워낸다.

궁중떡볶이

재료(1~2회분)
- 떡볶이떡 10개
- 저염간장 1스푼
- 아가베시럽 1/2스푼
- 참기름
- 후춧가루
- 멸치 육수

1. 멸치 육수에 저염간장, 아가베시럽, 참기름, 후춧가루를 넣고 끓인다.
2. 1에 다진 양파와 잘게 자른 떡을 넣고 조린다.
3. 통깨를 뿌린다.

"간을 해야 할지 말아야 할지"
고민하는 부모를 위한 간단 Tip

아이들이 돌이 지나면
엄마들은 새로운 고민에 빠집니다.

아이들이 잘 먹지 않는데도 간을 전혀 하지 않거나 천연 육수로만 맛을 내는 방식을 고수해야 할지, 음식에 간을 해도 될지, 간을 한다면 무엇으로 해야 할지… 두 돌이 될 때까지 간을 하지 않는다면 좋겠지만 간을 하게 된다면 아이를 위한 조미료를 따로 사용해주세요.

♥ **저염간장**

어른이 먹는 간장은 염도가 높아 무척 짭니다. 염도를 낮춘 저염간장으로 소금 섭취를 줄여주세요.

♥ **아가베시럽**

단맛을 낼 때 설탕이나 요리당 대신 멕시코 선인장에서 추출한 아가베시럽을 사용하세요. 설탕보다 당도가 높으면서도 칼로리는 낮고, 오래 보관해도 쉽게 굳지 않아 사용이 편리합니다.

♥ **천일염**

소금 사용은 최대한 자제하고, 사용할 때는 일반 소금 대신 조금 비싸더라도 미네랄 함량이 풍부한 국산 천일염을 넣어주세요.

♥ **쌀가루**

케이크나 떡 등 간식을 만들 때 밀가루보다는 쌀가루나 미숫가루 등을 사용하면 소화도 잘 되고, 아토피나 알레르기가 있는 아이들도 안심하고 먹을 수 있습니다.

유아용품 및 소품 협찬

삼광유리   http://www.glasslock.co.kr   02-3465-3100
샘표식품   http://www.sempio.com   080-996-7777
선우실업   http://www.e-sunwoo.com   031-793-4143
더블하트   http://www.doubleheart.co.kr   02-528-1001
LG전자 둔산 명품관   http://www.lge.co.kr   042-471-0440
햇쌀마루   http://www.idaedoo.co.kr   080-597-8072
휘슬러   http://www.fissler.co.kr   080-400-4100

이 책을 만드는 데 도움을 주신 분들에게 진심으로 감사드립니다.

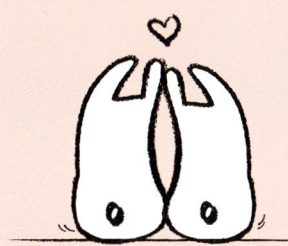

이유식 찾아보기

ㄱ
감자미음 29
감자브로콜리죽 64
감자애호박무른밥 168
감자전 255
감자칩, 고구마칩, 당근칩 247
검은콩닭죽 132
계란덮밥 234
계란야채밥 202
계란찜 229
고구마두부죽 120
고구마미음 33
고구마죽 72
고구마흑미진밥 211
과일물김치 231
과일제육볶음 236
과일치즈진밥 187
광어감자밥 164
광어감자죽 66
광어무죽 68
광어야채진밥 215
궁중떡볶이 259
김노른자무른밥 162

ㄴ
노른자야채죽 110
노른자영양죽 128

ㄷ
단호박미음 43
단호박찹쌀죽 172
닭가슴살고구마죽 106
닭가슴살근대죽 94
닭가슴살당근미음 54
닭가슴살미음 35
닭가슴살브로콜리진밥 186
닭가슴살사과무른밥 150
닭가슴살새송이버섯죽 104
닭가슴살청경채죽 84
닭가슴살표고버섯죽 62
닭고기양배추진밥 201
닭고기완자 239
닭안심양파무른밥 130
닭안심콩나물진밥 199

닭타락죽 170
된장국 228
두부과자 246
두부닭죽 80
두부마요네즈 257
두부버섯진밥 203
두부볶음 238
두부볶음밥 192
두부애호박죽 90
들깨야채무른밥 146
들깨죽 126

ㅁ
무미음 36
미숫가루케이크 248
미역국 226
미역무른밥 176
미역찹쌀진밥 197

ㅂ
밤영양밥 207
배미음 39
배찜 253
배추검은깨죽 96
배추미음 47
배추잡곡밥 166
버섯들깨죽 108
버섯볶음 230
버섯영양밥 213
버섯잡채밥 194
브로콜리미음 30
브로콜리애호박미음 42

ㅅ
사과미음 45
삼색주먹밥 210
쇠고기감자미음 58
쇠고기감자진밥 212
쇠고기무국 225
쇠고기미음 31
쇠고기배추진밥 209
쇠고기버섯미역죽 138
쇠고기볶음밥 237
쇠고기브로콜리진밥 195

쇠고기애호박죽 60
쇠고기야채무른밥 154
쇠고기야채진밥 208
쇠고기연근무른밥 144
쇠고기표고버섯미음 56
쇠고기흑미죽 98
숙주버섯무른밥 158
숙주북엇국 227
쌀미음 28

ㅇ
아욱장국밥 189
아이용와플 258
애호박근대죽 100
애호박미음 32
애호박새송이버섯죽 102
야채계란말이 223
야채볶음밥 233
야채잡곡밥 156
야채주먹밥 220
야채크래커 252
야채토마토볶음 224
양배추닭죽 70
양배추미음 34
얼갈이버섯죽 112
연두부버섯죽 82
연두부아욱밥 178
연두부찜 205
연두부파무른밥 152
연어당근진밥 188
연어배추무른밥 124
연어브로콜리죽 134
연어아욱무른밥 142
연어야채밥 204
영양닭죽 86
영양찰밥 206
오이미음 40
완두콩진밥 214
우유치즈 254
유아용불고기 222
유아용쇠고기장조림 232
유아파운드케이크 249

자투리 레시피 찾아보기

ㅈ
잔멸치볶음밥 196
잔치국수 240

ㅊ
찹쌀미음 38
찹쌀콩죽 76
치즈고구마밥 200
치즈야채죽 122

ㅋ
케첩 256
콜리플라워미음 37
콜리플라워사과미음 46
콩가루배추볶음 235
콩나물버섯진밥 191
콩나물표고버섯무른밥 140

ㅌ
토마토볶음밥 221
토마토소스야채떡조림 250

ㅍ
파프리카감자죽 136
파프리카닭안심진밥 190

ㅎ
현미버섯죽 78
현미애호박무른밥 174
현미죽 74
홈메이드새우깡 251
홍합영양밥 241
흑미단호박죽 92
흑미닭가슴살미음 44
흑미두부무른밥 148
흑미무죽 88
흑미미음 41
흑미버섯밥 160
흑미영양밥 198
흰살생선버섯진밥 193

ㄱ
감자밥 165
감자샐러드 65
감자채볶음 59
감자튀김 157
감자표고버섯볶음밥 147
검은콩셰이크 133
고구마맛탕 73
고구마샐러드 107
고구마스프 121
광어카르파초 69
굴소스쇠고기버섯볶음 57
근대된장국 95
근대된장무침 101
김무침 163

ㄷ
단호박꿀구이 93
단호박죽 173
닭가슴살사과샐러드 151
닭가슴살샐러드 63
닭가슴살야채볶음 105
닭가슴살양배추말이 71
닭가슴살우유찜 171
닭가슴살청경채말이 85
두부계란찜 149
두부김치 91
두부부침 81

ㅁ
머랭과자 111
무나물 89
미역국 139
미역초무침 177

ㅂ
배추된장국 97
배추전 167
버섯들깨전 127
버섯들깨탕 109

ㅅ
새송이버섯냉채 103
새송이버섯전 161
쇠고기무국 155
쇠고기장조림 99
숙주나물 159

ㅇ
아몬드쿠키 129
아욱된장국 143
애호박보트 169
애호박새우젓볶음 61
애호박전 175
양파찜 131
얼갈이배추겉절이 113
연근조림 145
연두부계란찜 153
연두부양념간장 83
연두부찌개 179
연어덮밥 125
연어브로콜리샐러드 135

ㅊ
치즈전 123

ㅋ
카레라이스 55
콩나물밥 141
콩찰떡 77

ㅍ
파프리카감자채볶음 137
표고버섯대추조림 87

ㅎ
현미밥 75
현미버섯밥 79
회덮밥 67

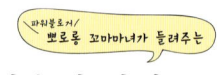

이유식 비법 노트

초판 1쇄 발행 2010년 10월 18일
초판 2쇄 발행 2011년 1월 15일

지은이 곽인아
펴낸이 김환기
기획 및 책임 편집 구민서
본문 및 표지 일러스트 성지선
펴낸곳 도서출판 이른아침

주소 서울시 마포구 마포동 324-3 경인빌딩 3층
전화 02-3143-7995
팩스 02-3143-7996
등록 2003년 9월 30일 제 313-2003-00324호
이메일 booksorie@naver.com

값 12,000원

ISBN 978-89-93255-57-7 13590

※인쇄 및 제본에 이상이 있는 책은 구입하신 서점에서 바꾸어드립니다.